danke
tausendmal

Gustav Schörghofer

danke tausendmal

Wie positives Denken und Dankbarkeit das Leben verändern

styria premium

Inhalt

Zur Einleitung

Dankbar kann nur der Mensch sein. Dazu bedarf es der Erinnerung, der Wahrnehmung des Anderen, der Erkenntnis des Geschenkten und des Vermögens der Sprache. Dankbarkeit ist konkret und persönlich. Sie ist die Antwort des Menschen auf die Welt. Sie verwandelt nicht nur das Zusammenleben der Menschen untereinander, sie verwandelt auch den Umgang mit Tieren und Pflanzen, die Beziehung zur Welt.

Wer die Dankbarkeit entdecken will, muss sie zuerst im eigenen Leben wahrnehmen lernen. Dankbarkeit wird von anderen in mir wachgerufen. Sie wird mir von anderen zugespielt. Ich kann sie nicht erzeugen, nicht machen. Daher ist Dankbarkeit ein untrügliches Mittel, um meine Beziehung zu den anderen zu erkennen. Wie stehe ich zu ihnen? Bin ich ihnen dankbar, oder nicht? Dankbarkeit fordert keineswegs, dass ich mit den anderen eines Sinnes sein muss. Ich muss sie auch nicht als Freunde anerkennen. Es kann durchaus sein, dass ich von ihnen nicht nur Gutes erfahren habe. Dankbarkeit kommt aus der Erfahrung, dass die anderen in meinem Leben eine Bereicherung sind, ein Geschenk.

Dankbar bin ich meiner Mutter für das Wissen um eine tiefe Liebe. Dankbar bin ich meinem Vater für die Erfahrung von Freiheit und Weiträumigkeit. Dankbar bin ich meiner Schwester, die als ein behindertes Kind zehn Jahre mit uns verbracht und uns unvergesslich bereichert hat.

Diese drei schon verstorbenen Menschen haben mir zu einer großen Entdeckung verholfen. Durch die Begegnung mit ihnen habe ich erfahren, dass es im Leben etwas gibt, das nicht durch Fleiß oder Leistung erworben werden kann, das nicht verdient ist. Es gibt das Geschenkte. Reichtum und Schönheit des Lebens kommen aus diesem Geschenkten. Ja, das Leben selbst ist ein Geschenk. Die Erfahrung des Beschenkten mache ich Tag für Tag, Nacht für Nacht. Kleine und große Ereignisse, lichte und düstere Zeiten, Erhebendes und Bedrückendes, alles das lässt mich erkennen, dass ich reich beschenkt bin. Es wird in mir zum Stoff meines Lebens verwandelt, zu meiner wahren Gestalt.
Aufmerksamkeit, Präzision der Wahrnehmung und Geduld sind Bedingungen, um die Erfahrung des Beschenkten machen zu können. Das Geschenkte ist oft unscheinbar, zuerst gar nicht erkennbar. Als Last kommt es daher oder als Störung. Der oberflächliche Blick und die Ungeduld nehmen oft nur das Bittere der Dinge wahr. Sie erwarten das Geschenk als Glanzstück in kostbarer Verpackung und sind nicht imstande, die Wirklichkeit in der Gestalt des Aschenbrödels zu schätzen. Auf dem Weg zur Dankbarkeit braucht es daher Aufmerksamkeit, Präzision der Wahrnehmung und Geduld.

Wie die Welt vertraut wird

Der japanische Autor Tanizaki Jun'ichiro schreibt in seinem *Lob der Meisterschaft* von einem Kollegen, dem vorgeworfen wurde, dass sich in seinen Gedichten nichts als Farbtöne fänden. Er habe zwar viel Erfahrung im Leben gesammelt, Freuden der Liebe und Nöte des Lebensunterhalts, aber all das kommt bei ihm überhaupt nicht zur Sprache. „Er begnügt sich damit, die Dinge einfach mit seinen Sinnen wahrzunehmen und zu preisen. Daraufhin gab ich zu bedenken: Das mag ja, wenn man es so formuliert, durchaus plausibel klingen. Aber man kann die Sache auch von einem gegenteiligen Standpunkt aus betrachten und sagen: Trotz mannigfaltiger Mühen des täglichen Lebens die Fähigkeit zur unverfälschten sinnlichen Wahrnehmung nicht zu verlieren und ein unverstelltes Empfinden zu bewahren ist etwas, was durchschnittlichen Menschen in der Regel nicht gelingt. Gewöhnlich finden die Menschen, wenn sie im Alltag von widrigen Umständen umgetrieben werden oder unter Verlust und Trennungsschmerz leiden, beim Anblick von Naturerscheinungen kaum Trost. In Zeiten des Leids scheinen selbst Felder mit blühenden Blumen und singenden Vögeln wie von einem Trauerflor umgeben. Wenn nun einer trotz aller weltlichen Unbill sich sein Gemüt nicht im Geringsten verdüstern lässt, sondern beim Anblick bunter Blumenpracht sogleich von der Schönheit der Farben angerührt ist, und wenn bei Betrachtung des sonnigen, heiteren Himmels sein Herz vor

Freude hüpft, beweist das nur, dass ein solcher Mensch sein kindliches Gemüt bewahrt hat."

Hier spricht jemand, der mich mit etwas vertraut machen will, das ihm sehr wichtig ist. Wie ein Freund es tut. Tanizaki Jun'ichiro erinnert mich an Lu Xun, den großen chinesischen Autor. Dieser Ton einer vertrauten Nähe, einer ganz unaufdringlichen, sehr stillen Herzlichkeit. Er ist in Europa wenig zu finden. Walter Kappacher spricht auf eine verwandte Weise.

Heute wird sehr viel geredet, gesprochen, gedacht, reflektiert, diskutiert, kritisiert, kommentiert, analysiert. Es fehlt nicht an klugen Köpfen, die zum Stand der Dinge Wichtiges zu sagen haben. Sie weisen nachdrücklich darauf hin, wo es fehlt und wie es weitergehen sollte. Es gibt Aufrufe, Erklärungen, Forderungen. Wenn ich mir all das räumlich vorstelle, als eine Architektur, dann gleicht es einem der kühlen, makellosen, wohl durchdachten und zugleich völlig sterilen Gebäude, die jetzt so zahlreich errichtet werden. Sie fordern Schnelligkeit und Schärfe. Doch sie lassen keine Vertrautheit zu. Vertrautheit schenkt der Straßenkehrer, der den Gehsteig mit Sorgfalt reinigt. Oder die alte Frau, die ihren Hund geduldig begleitet. Was mir fehlt, in der Kunst, in der Politik, in der Kirche, sind Menschen, die Vertrautheit schenken.

Dem Kind ist die Welt nahe und vertraut. Sie zeigt sich ihm täglich neu, kommt ihm entgegen, immer wieder ein Geschenk. Dem Erwachsenen wird die Welt alt und verbraucht. Er verliert die Nähe. Das einst Vertraute wird ihm fremd.

Lässt sich das Reich der Kindheit wieder finden? Kann ein Erwachsener die verlorene Vertrautheit wieder entdecken? Kann die Welt ihre alte Frische wieder bekommen, das Lichte und Überraschende eines immer neuen Geschenks?

Viele Erwachsene neigen dazu, von der ernsten Welt des Berufs eine Welt der Freizeit getrennt zu halten. In ihr suchen sie der Welt den alten Zauber zu bewahren. Im Urlaub sollen sich die alten Träume erfüllen. Aber auch dort verbraucht sich die Welt sehr rasch.

Es gibt einen einfachen Schlüssel zum Reich der Kindheit. Den Kindern, die ihn noch nicht brauchen, wird sein Gebrauch immer wieder empfohlen. Die Erwachsenen bräuchten den Schlüssel. Doch nun ist er meist in Vergessenheit geraten. Er findet sich aber bei allen. Sie wissen bloß nicht mehr, was er zu bedeuten hat und wie mit ihm umzugehen ist. Der Schlüssel heißt: Dankbarkeit.

Der Dankbare lebt in keiner anderen, schöneren Welt. Er sieht aber das Gegebene unter einem anderen Gesichtspunkt, in einem anderen Horizont. Er erkennt, dass in allem ein Geschenk zu finden ist. Selbst dort, wo ich mich auf Verpflichtungen und Rechte berufen kann, wo ich mit Gewissheit das mir Zustehende einfordere, bin ich auf die Freiwilligkeit der anderen angewiesen. Dort, wo ausschließlich „Dienst nach Vorschrift“ gemacht wird, bricht eine Gemeinschaft auseinander, sei es in der Wirtschaft, in der Politik, in der Kultur, im Privaten.

Ich bin darauf angewiesen, dass mir mehr gegeben wird, als mir zusteht, dass ich mehr bekomme, als ich erwartet habe, dass die Dinge ganz anders kommen, als es geplant war. Vielleicht klingt es sonderbar, das zu behaupten. Aber es ist so. Mein Leben ist nicht einfach das, was ich aus ihm mache. Viele andere haben Anteil daran, Menschen, Tiere, Dinge, Ereignisse und Begegnungen, Erfolge und Katastrophen, Helles und Dunkles.

Mein Leben ist viel mehr als das, was ich mir als mein Leben ausgedacht habe. Es ist reicher, größer, wunderbarer, schöner. Um all das zu entdecken, bedarf ich der Dankbarkeit. Sie zeigt mir, wie sehr ich getragen werde, wie reich ich beschenkt bin, wie wunderbar ich begnadet bin.

Gnade ist ein wenig gebrauchtes Wort geworden. Denen, die durch den Dank wieder einen Sinn für seine Bedeutung im eigenen Leben bekommen, wird die Welt vertraut. Sie entdecken, dass sie in ihr einen Ort haben, hohen Himmel, weiten Raum, festen Boden unter den Füßen und Luft zum Atmen.

Dank ist der Schlüssel zu einem verborgenen Schatz. Er öffnet den Zugang zu einer Welt, die mir vertraut ist, frisch und neu, weil ich in ihr immer der Beschenkte bin.

Eine Kultur der Dankbarkeit

Vor Jahren hat mir mein Mitbruder Iwan Sokolowsky ein kleines gedrucktes Heft geschenkt. Er hatte einige Gedanken zur Dankbarkeit niedergeschrieben, und ein ihm bekannter Verleger hatte sie für einen Freundeskreis drucken lassen. *Kultur der Dankbarkeit* heißt die kleine Schrift. Sie hat mich auf etwas aufmerksam gemacht. In den vergangenen Jahren habe ich manches anders und besser sehen gelernt.

Manche Dinge oder Haltungen scheinen so selbstverständlich, dass eine Fehlentwicklung gar nicht mehr wahrgenommen wird. Die Zerstörung der Umwelt ist lange Zeit vielen verborgen geblieben. Die Umwelt war selbstverständlich da, sie wurde gebraucht, verbraucht und schließlich zugrunde gerichtet. Es musste erst ein Bewusstsein dafür geschaffen werden, dass die Natur auf unseren Schutz angewiesen ist. Der Mangel an Dankbarkeit ist ein ähnliches Phänomen, nicht weniger folgenreich als die fehlende Verantwortung für die natürliche Umgebung. Denn wo der Dank fehlt, werden die Beziehungen zwischen den Menschen langsam vergiftet. Unzufriedenheit, Feindseligkeit, Neid und Geiz, Eigennutz und andere Haltungen, die das eigene Ich in den Mittelpunkt der Welt stellen, sind die Folgen. In unserer Gesellschaft gibt es keine „Kultur der Dankbarkeit". Wo Dank geäußert wird, dort handelt es sich meist um sterile Formeln. Wenn am Ende von Reden allen möglichen Personen, von der Reinigungsfrau bis zum Direktor,

Dank gesagt wird, dann wird einer politischen Korrektheit gehuldigt, aber nicht wirklich gedankt. In den Medien wird selten Dank ausgesprochen. In der Regel am ehesten noch in den Todesanzeigen. Das ist sicherlich gut, aber doch ein bisschen spät.

Was ist eine Kultur der Dankbarkeit? Iwan Sokolowsky schreibt: „In den Zusammenhängen der Dankbarkeit ist der Mensch innerlich geborgen, und wenn er sein Leben schaut im Lichte der Dankbarkeit, dann fühlt er sich sicher, angstfrei und glücklich. So ist das Schauen des eigenen Lebens, des Umfelds, der Kultur- und Arbeitswelt und auch der geschichtlichen Vergangenheit im Lichte der Dankbarkeit ein Schauen der Zusammenhänge ohne falsche Überheblichkeit. Wer mit Motiven der Dankbarkeit zu reden weiß, bringt Argumente, die nicht verletzen."

Es geht hier um einen großen alternativen Lebensentwurf. Eine Kultur der Dankbarkeit fördert die Wahrnehmung dessen, was ich von anderen geschenkt bekommen habe. Sie lenkt den Blick nicht so sehr auf das, was mir andere schuldig sind, sondern lehrt mich, das zu sehen, was ich selber anderen schulde. Sie lehrt mich, nicht die eigenen Ansprüche in den Vordergrund zu stellen. Sie öffnet mir vor allem die Sinne dafür, was ich Tag für Tag als Geschenk empfange. Das Selbstverständliche wie etwa Luft, Licht, Wasser wird ganz neu entdeckt. Die oft unfreundlich scheinende Wirklichkeit zeigt mit einem Mal zauberhafte Seiten. Wer hört den Gesang der Amsel in der Morgendämmerung? Wer freut sich über die ersten Blumen, Schneeglöckchen, die den

Frühling ankündigen? Wer sieht die Pracht opalisierender Farben am Hals der Taube?
Eine Kultur der Dankbarkeit verwandelt den Umgang mit alten Menschen. „Alt zu werden wünscht man nur im Rahmen einer Kultur der Dankbarkeit.“ (Iwan Sokolowsky) Sie verwandelt die Grundlage aller menschlichen Beziehungen, von der Familie bis hin zu ganzen Völkern. Wenn die Geschichte von Völkern und Kulturen unter dem Gesichtspunkt betrachtet wird, wie sehr sie sich gegenseitig befruchtet haben, wie viel der Andere zum eigenen Wohl beigetragen hat, dann entsteht aus der Dankbarkeit die Freude am Zusammenleben mit dem Anderen, dem Fremden. Das Gleiche gilt für die Religionen. Wie wenig haben Christen den Juden gedankt für all das, was sie von ihnen erhalten haben. Wie wenig ist in Europa das Bewusstsein vorhanden für die Bereicherung, die unsere Kultur durch Vermittlung von Muslimen erfahren hat.
Eine Kultur der Dankbarkeit fängt beim Einzelnen an. Niemand hat sich selbst das Leben gegeben. Niemand kann sich das Leben ganz allein auf sich gestellt erhalten. Wir sind immer auf andere angewiesen. Wir sind immer Beschenkte. Jedem religiös empfindenden Menschen ist das etwas Selbstverständliches. „Vor Gott sind wir alle Bettler“, sagte Martin Luther. Aber auch der nicht Religiöse kann entdecken, wie sehr sein Leben von der Zuwendung anderer getragen ist. Wenn in der Wirtschaft das Vertrauen verloren geht, bricht alles zusammen. Eine Kultur der Dankbarkeit wird daher den friedlichen Umgang miteinander unterstützen. „Wer den jeweils ande-

ren mit den Augen der Dankbarkeit zu schauen erlernt hat, sucht in dieser Vertiefung des Bedenkens alle Ansatzpunkte und Möglichkeiten zum Entdecken dessen, was der andere an Dankenswertem an sich hat. Dadurch wird der Friede gefördert, auch wenn man Negativpunkte entdeckt, die man dem gern verzeiht, dem man sich in Dankbarkeit verbunden weiß; und eigene Fehler gesteht man nur jemandem ein, von dem man aus dieser Kultur der wechselseitigen Dankbarkeit heraus Verzeihung erhoffen kann." (Iwan Sokolowsky)

Eine Kultur der Dankbarkeit erfordert daher vom Einzelnen und von einer Gemeinschaft hohe kreative Fähigkeiten. Ich muss mich auf die Suche nach dem Anderen machen, ich muss den Fremden in immer neuen Perspektiven betrachten lernen. Der kreative Blick sieht Erstaunliches dort, wo die gewohnte Sichtweise nur Gewöhnliches und längst Gewusstes zu erkennen vermag. Der kreative Blick nimmt die Fakten besser und umfassender wahr. Er sieht das Ungewöhnliche, Neue. In Situationen, die aus der Sicht eines konventionellen Denkens ganz und gar nicht wünschenswert sind, kann so die Sicht auf etwas Erstaunliches, noch nicht Gekanntes freigelegt werden.

Eine Kultur der Dankbarkeit ist daher anspruchsvoll. Sie verlangt Übung und ständige Aufmerksamkeit. Sie setzt die Bereitschaft zu einem Denken voraus, das an Überraschungen Freude hat. Sie fordert den Mut, den eigenen Standpunkt immer wieder zu ändern, sich auf andere Sichtweisen einzulassen und in fremde Welten hineinzugehen. Das Schöne an ihr ist, dass sie mir im Grunde genommen zugespielt wird von all dem, was mich mit Dank erfüllt. Ich muss diesen Dank bloß weitergeben. Ich muss ihn mitteilen, Worte und Gesten für ihn finden, Zeichen der Anerkennung, Symbole und Rituale. Wo das geschieht, wird die Welt spannend und schön, weit und reich.

Glückliche Augen

Dankbarkeit setzt voraus, dass es jemand gibt, dem ich dankbar sein kann. Bin ich der Sonne dankbar, wenn sie in der Früh in mein Zimmer scheint? Oder bin ich im Frühling den Veilchen dankbar, wenn sie wieder blühen und duften? Bedanke ich mich beim Hund, wenn er den geworfenen Stock zurückbringt? Dankbar bin ich jemandem, der etwas für mich tut, der damit mein Leben bereichert. Dieses Tun darf auch nicht bloß zufällig sein, sozusagen passieren, sondern es muss aus freiem Willen bewusst geschehen. Mir wird der Hut vom Kopf geweht, und jemand fängt ihn auf und bringt ihn mir. Ich habe Geburtstag, und jemand kommt mit einem Blumenstrauß vorbei. Ich stehe im dunklen Hauseingang, und jemand schaltet für mich das Licht ein. Dann werde ich danken.

Die Sonne geht nicht für mich auf. Die Veilchen blühen nicht für mich. Der Hund bringt den Stock nicht für mich. Oder doch? Wäre es nicht sehr traurig, würde ich sagen: Für mich geht keine Sonne auf, für mich blüht keine Blume, für mich springt kein Tier? „Für mich" kann auch eine andere Bedeutung haben als die, dass mich jemand anderer bewusst im Sinn hat. Es kann auch bedeuten, dass ich etwas zu schätzen weiß, dass ich mich darüber freue, dass ich etwas wahrnehme. Die Blumen blühen, die Sonne scheint, die Vögel singen – und das alles geschieht für mich. Ich nehme es wahr. Es ist meine Freude. Es erfüllt mich und macht mich dankbar.

So ist es auch mit der Schönheit. Für mich ist die Welt schön. Das kann bedeuten: Ich lebe in einer schönen Umgebung, bin in der Gesellschaft vertrauter Menschen, habe gute Dinge im Überfluss, werde geschätzt, alles gelingt. Diese Welt ist entstanden durch das Ausklammern von allem, was nicht schön ist. Es kann aber auch bedeuten: ich lebe in der Welt wie sie ist, ich lebe aufmerksam in ihr und entdecke überall Schönheiten. Manche Menschen bewahren auch in der größten Not den Sinn für Schönheit. Sie entdecken Schönes dort, wo andere nur noch Elend sehen. Schönheit ist im Auge des Betrachters. Das kann auch als Beschönigen erscheinen. Es kann aber auch der Sinn für etwas sein, für das andere blind sind. Um dankbar zu bleiben, bedarf es dieses Sinnes.

„Ihr glücklichen Augen, / was je ihr gesehn, / es sei, wie es wolle, / es war doch so schön." Das Lied des Türmers in *Faust II* von Johann Wolfgang von Goethe kann verschieden gedeutet werden. Die einen sehen darin eine selektive Wahrnehmung. Man sieht nur, was einen freut, was schön ist, und alles andere wird verdrängt. Für andere ist das Lied Ausdruck eines Wirklichkeitssinnes, der vor nichts die Augen schließt und in allem den Schimmer einer tiefen Schönheit wahrzunehmen vermag. Wenn ich den Satz in diesem Sinn verstehe, dann frage ich mich, wie ich zu solchen „glücklichen Augen" kommen kann.

Ich fange damit an, Schönes wahrzunehmen und zu genießen. Das Licht der Sonne, die Veilchen, das Singen der Vögel, das Springen der Tiere – all das kann ich ja leicht übersehen, als für mich unbedeutend abtun. Ich lasse es also für mich bedeutend werden. Das gleiche gilt für Musik, für Literatur, für Kunst. Ich kann mich in all dem auf die Suche nach dem Schönen machen. Und es gibt viel Schönes zu entdecken. Natürlich ist nicht jedes Kunstwerk hinreißend, nicht jede Musik wunderbar, nicht jedes Buch so, dass ich es am liebsten nicht mehr aus der Hand gäbe. Ich kann einmal mit jenen Dingen anfangen, die ich unmittelbar als schön empfinde. Ihnen schenke ich Zeit. Ich lerne sie genau kennen. Und dann achte ich darauf, was andere als schön empfinden. Es könnte ja sein, dass sie einen schärferen Blick, feinere Ohren haben. Es könnte sein, dass sie Schönheit dort entdecken, wo ich gar nichts sehe. Zugleich bemühe ich mich, den nüchternen Blick auf die Wirklichkeit einzuüben. Auch den kann ich von anderen lernen. Es gibt das Hässliche, es gibt das Langweilige, es gibt das Gemeine und das Widerwärtige. Die Gegenwart der Schönheit ist nicht selbstverständlich. Sie muss erkannt, zugelassen und gepflegt werden.

Jetzt könnte eingewandt werden: Das mag schon sein, es gibt unter anderem auch Schönes, aber dieses Schöne hat keine Kraft. Es behauptet sich nicht gegen das Hässliche, es wird schließlich doch überwältigt von Not, Elend und Tod. Die schönen Seiten des Lebens sind verglichen mit dem, was wir Tag für Tag erleben und erfahren, vernachlässigbar. Sie haben keine Bedeutung im großen Zusammenhang der Geschichte. Wer meint, das Leben sei schön, der erliegt einer Täuschung. Der macht einen Ausschnitt zum Ganzen, der sucht sich heraus, was ihm gefällt und lässt alles andere beiseite.

Die Wahrnehmung des Schönen kann meine ganz persönliche Sicht sein. Ich will die Welt schön, deshalb sehe ich sie so. Wenn ich bei dieser Sicht bleibe, dann werde ich entdecken, dass sie einer alten Tradition entspricht. Und wenn ich meine Betrachtung noch weiter vertiefe, dann entdecke ich, dass ich hier ein uraltes Thema der Religionen berühre. Juden und Christen vertrauen darauf, dass Gott die Welt gut und schön erschaffen hat. Die Güte Gottes wird in den Texten der Bibel immer wieder gepriesen. Wer genau liest, wird entdecken, dass es hier auch immer um Schönheit geht. Die Schönheit ist im Auge Gottes. Wenn er die Welt betrachtet, nimmt er ihre Schönheit wahr, vor allem die Schönheit. In seiner Grabrede für Reinhold Schneider sagt Werner Bergengruen über den verstorbenen Freund: „Er liebte die Menschen, und ungern urteilte er über sie. Goethe hat uns im *Westöstlichen Diwan* ein Gedicht des Persers Nisami überliefert: alle des Wegs Kommenden schelten auf das stinkende Aas des daneben liegenden Hundes, Jesus aber sagt nur: ‚Die Zähne sind wie Perlen weiß.' Ich kann mich nie an dieses Gedicht erinnern, ohne dass meine Gedanken sich augenblicks unserem Freunde zukehren. Wo er mit seinem scharfen Verstande, seiner Fähigkeit geschwinder und das Wesentliche erfassender Beobachtung niedrige Züge gewahrte, da hielt er sich, außer im allervertrautesten Gespräch und noch selbst in diesem, eher zurück, um dem Urteil Gottes nicht vorzugreifen." Hier ist sehr schön zusammengefasst, wie der schöpferische Blick eines Menschen seinen Grund hat im schöpferischen Blick Gottes. Und wie dieser Blick keiner

Täuschung erliegt in der Wahrnehmung von Wirklichkeit. Er sieht Tatsachen, doch er ordnet sie anders. Dankbarkeit erwächst aus der Wahrnehmung des Schönen. Ich kann diese Wahrnehmung üben. Ich muss es nur wollen. Dann wachse ich nach und nach in eine tiefe Dankbarkeit hinein. Denn es zeigt sich, dass Schönheit überall zu finden ist. Und diese Schönheit lässt sich von mir finden, sie strahlt für mich.

Wo bleibt der Dank?

Die Heilige Schrift der Juden (das Alte Testament der Christen) kennt keinen eigenen Ausdruck für Dank oder Dankbarkeit. Sie verwendet dafür Wörter des Lobes oder der Preisung. Wo im Griechischen oder Lateinischen von Dank die Rede ist, preisen oder loben die Juden. Lob und Dank sind vor allem an Gott gerichtet. Wachgerufen werden sie durch die Erinnerung an die Wohltaten Gottes, an erfahrene Befreiung, Heilung, Bewahrung in Not und Rettung. Der Dank ist daher eng mit der Erinnerung verknüpft. Er stammt aus der Erinnerung. Ein Vergessen würde das Ende des Danks bedeuten. Daher wird ausdrücklich vor allem Vergessen gewarnt. Im Vergessen liegt der Grund allen Unheils. Denn wenn die Heilstaten Gottes vergessen werden, bleibt der Mensch sich selbst überlassen.

Er schreibt das Gute sich selber zu, wird überheblich und liefert sich zugleich selbst gemachten Göttern aus. Die Juden pflegen daher eine großartige Kultur des Erinnerns.

Die Heilige Schrift kann als Teil dieser Kultur betrachtet werden. Sie dokumentiert nicht nur Vergangenes, sondern sie führt auch vor, wie durch Erinnerung das Geschehen lebendige Gegenwart bleibt: „Wenn der Herr, dein Gott, dich in ein prächtiges Land führt, ein Land mit Bächen, Quellen und Grundwasser, das im Tal und am Berg hervorquillt, ein Land mit Weizen und Gerste, mit Weinstock, Feigenbaum und Granatbaum, ein Land mit Ölbaum und Honig, ein Land, in dem du nicht armselig dein Brot essen musst, in dem es dir an nichts fehlt, ein Land, dessen Steine aus Eisen sind, aus dessen Bergen du Erz gewinnst; wenn du dort isst und satt wirst, und den Herrn, deinen Gott, für das prächtige Land, das er dir gegeben hat, preist, dann nimm dich in acht und vergiss den Herrn, deinen Gott, nicht, missachte nicht seine Gebote, Rechtsvorschriften und Gesetze, auf die ich dich heute verpflichte. Und wenn du gegessen hast und satt geworden bist und prächtige Häuser gebaut hast und sie bewohnst, wenn deine Rinder, Schafe und Ziegen sich vermehren und Silber und Gold sich bei dir häuft und dein gesamter Besitz sich vermehrt, dann nimm dich in acht, dass dein Herz nicht hochmütig wird und du den Herrn, deinen Gott, nicht vergisst, der dich aus Ägypten, dem Sklavenhaus, geführt hat; der dich durch die große und furchterregende Wüste geführt hat, durch Feuernattern und Skorpione, durch ausgedörrtes Land, wo es kein Wasser gab; der für dich Wasser aus dem Felsen der Steilwand hervorsprudeln ließ; der dich in der Wüste mit dem Manna speiste, das deine Väter noch nicht kannten, (und der das alles tat,) um dich gefügig zu machen, dich zu prüfen und dir zuletzt Gutes zu tun. Dann nimm dich in acht und denk nicht bei dir: Ich habe mir diesen Reichtum aus eigener Kraft und mit eigener Hand erworben. Denk vielmehr an den Herrn, deinen Gott: Er war es, der dir die Kraft gab, Reichtum zu erwerben, weil er seinen Bund, den er deinen Vätern geschworen hatte, so verwirklichen wollte, wie er es heute tut."

Ich habe diese Stelle aus dem Buch Deuteronomium (Dtn 8,7-18) so ausführlich zitiert, weil sie nicht nur die vergangene und gegenwärtige Situation des jüdischen Volkes beschreibt. Sie beschreibt zugleich präzise und knapp eine Situation, wie sie heute in Europa zu erfahren ist. Für sehr viele ist heute Europa ein gelobtes Land geworden. Aus den Sklavenhäusern des Totalitarismus, sei es Faschismus, Kommunismus oder Nationalsozialismus, sind die Menschen befreit worden. Ein langer Weg, der mühsam war und voller Plagen, ist in Westeuropa bereits zurückgelegt worden und in den ehemals kommunistischen Ländern noch zu gehen. Und viele, so viele wie noch nie in der Geschichte der Menschheit, sind satt, bewohnen ihre eigenen Häuser und haben oft nicht wenig Besitz angesammelt.
In dieser Situation scheint es selbstverständlich, voll des Dankes zu sein. Zu danken wäre all jenen Menschen, die Widerstand gegen die „Sklavenhäuser" geleistet haben. Zu danken wäre den Politikerinnen und Politikern, die in den Staaten Verantwortung übernommen und durch ein auf das Wohl ihrer Völker bedachtes Vorgehen das gemeinsam Erreichte ermöglicht haben. Zu danken wäre den vielen Menschen, die Verzicht geleistet und hart gearbeitet haben, den Frauen, die nach den Kriegen so viel Last zu tragen hatten, den Männern, die einen unscheinbaren Dienst treu verrichtet haben, den Kindern, die mutig durch Nöte gegangen sind, von denen die Erwachsenen oft keine Ahnung haben. Es wäre zu danken für die Menschen aus anderen Ländern, oft auch außerhalb Europas, deren Arbeit zum Wohlstand Europas beigetra-

gen hat und beiträgt. Wie vieles, das hier genossen wird, stammt aus anderen Kontinenten und wird dort von sehr bescheiden lebenden Menschen um einen geringen Lohn erzeugt. Wir haben also allen Grund, dankbar zu sein. Dankbar anderen Menschen gegenüber, dankbar auch den Tieren gegenüber, die zum Wohlergehen in Europa so viel beitragen, und dankbar Gott gegenüber. Doch wo ist der Dank?

Wer genau hinsieht, kann den Dank gegenüber Menschen in Afrika, Asien oder Lateinamerika entdecken. Er zeigt sich in einem sozialen Bewusstsein, das ihnen gegenüber zunehmend wach geworden ist. Gerechte Löhne werden eingefordert, bessere Arbeitsbedingungen, Achtung der Menschenrechte. Vielleicht wäre es aber auch gut, ausdrücklich zu danken. Das kann nämlich gleich geschehen und ist gleich wahrzunehmen.

Auch Tieren gegenüber hat sich das Bewusstsein in den letzten Jahren gewandelt. Das Bemühen um eine Verbesserung der Tierhaltung, um einen respektvollen Umgang mit Tieren als Lebewesen hat vieles geändert. Aber vielleicht könnten wir den Tieren einfach auch dankbar sein für all das, was sie für Menschen bedeuten. Wer das recht bedenkt, findet eine Fülle von Dankenswertem.

Was in der Öffentlichkeit völlig verstummt zu sein scheint, ist der Dank Gott gegenüber. Es scheint so, als wäre Gott in Vergessenheit geraten. Das viele Reden von Religion verdunkelt die Gegenwart Gottes. Die Kirchen sind vielfach mit Fragen der Verwaltung und Strukturveränderung beschäftigt, mit dem gleichen Effekt wie das Reden über Religion im allgemeinen. Von Dank ist in all diesen Debatten, Überlegungen, Streitgesprächen, Memoranden und Kundgebungen aller Art ohnedies nicht die Rede.

In dieser Situation bräuchte es die Stimme eines Kindes, die auf das hinweist, was allen entgeht. In „Des Kaisers neue Kleider" ist es ein Kind, das nicht der allgemeinen Täuschung erliegt und den Kaiser so sieht, wie er ist: nackt. Auch in Europa wird viel bewundert und gepriesen. Doch wir sind nackt. Vor Gott sind wir nackt. Wer sagt uns das? Wer gibt uns so die Möglichkeit, von neuem Dank gegen Gott zu lernen?

Ein Blick verwandelt das Leben

Tiere und Menschen handeln im Hinblick auf Zukunft. Sie sorgen vor. Der Igel legt sich am eigenen Körper für die langen Monate des Winterschlafs einen ordentlichen Speckvorrat an. Das Eichhörnchen versteckt Nüsse. Auch die Menschen sammeln Vorräte. Doch beim Menschen kann die Sorge manchmal so weit gehen, dass sie sein ganzes Denken und Handeln prägt. Sie sitzt in seinem Leben, wie der Rost im Eisen, wie die Motte in der Wolle. Sie frisst die Freude am Gegenwärtigen auf. Sie erlaubt keinen Genuss des Vorhandenen. Sie sperrt ihn im Kerker einer unheimlichen Angst ein. Er wird zum Opfer einer Angst, die ihm einredet, es könnte morgen schon zu wenig sein, es könnten die Vorräte aufgebraucht, die Möglichkeiten erschöpft sein. Er befindet sich in einem Belagerungszustand.

Würde eine Sängerin von der Angst gequält werden, es könnte die Stimme im nächsten Augenblick versagen – brächte sie noch einen Ton hervor? Es gibt eine Sorge, die das Leben zur Geisel nimmt. Unter dem Vorwand, an die Zukunft zu denken, bemächtigt sie sich der lebendigen Kräfte. Sie lässt keine Freude zu, keine Freiheit, keinen Genuss, keine Offenheit, kein Vertrauen, keinen Dank. Unser Leben ist immer in Gefahr, diesem Zustand zu verfallen. Jede Zeit wird von ihren eigenen Untergangsvorstellungen begleitet. Zukünftige Katastrophen werden in grellen Farben ausgemalt. Im Bann der Sorge sollen die Menschen ihr Leben, ihre Essgewohnheiten, ihren Konsum, den Umgang mit Vorräten ändern. Dabei verbrauchen sie gerade soviel, weil sie die Sorge niederhalten wollen. Konsum, Unterhaltung, Ablenkung haben als Mittel gegen die Angst immer geholfen. „Sorglos eilen wir in den Abgrund, nachdem wir etwas vor uns aufgebaut, was uns hindert, ihn zu sehen." Blaise Pascal hat das scharfsinnig gesehen *(Pensées, Nr. 183)*.

Aber da stimmt doch etwas nicht? Warum muss aus der Sorge so ein Ungeheuer werden? Und wer sagt uns, dass es morgen aus ist? Wer ausschließlich um sich selbst besorgt ist, landet notgedrungen in den Fängen der zersetzenden Sorge. Wer sich aber um sich selber nicht solche Sorgen macht, wer sich vor allem um andere sorgt, bei dem sieht es anders aus. Die Sängerin singt nicht für sich selbst, sie singt für andere. Das Singen für andere befreit sie, die anderen nehmen ihr die Angst. Der Blick auf die anderen verwandelt das Leben.

Von diesem Blick ist in den Evangelien immer wieder die Rede. „Das Auge gibt dem Körper Licht. Wenn dein Auge gesund ist, dann wird dein ganzer Körper hell sein. Wenn aber dein Auge krank ist, dann wird dein ganzer Körper finster sein." (Mt 6,22-23) Es hängt also vom Blick ab. Der Blick ist kreativ, er schafft Wirklichkeit. Und dann ist von der Sorge die Rede, und ich kann die Welt auf unterschiedliche Weise wahrnehmen. Mit den Augen der Angst und Sorge betrachtet ist die Welt eine andere als mit den Augen des Vertrauens betrachtet. „Seht euch die Vögel des Himmels an: Sie säen nicht, sie ernten nicht und sammeln keine Vorräte in Scheunen; euer himmlischer Vater ernährt sie. ... Und was sorgt ihr euch um eure Kleidung? Lernt von den Lilien, die auf dem Feld wachsen: Sie arbeiten nicht und spinnen nicht. Doch ich sage euch: Selbst Salomo war in all seiner Pracht nicht gekleidet wie eine von ihnen." (Mt 6,26-29)

Hier wird ein Blick vorgeführt, der das Gewohnte neu und anders wahrnimmt. Vögel und Lilien sind Bilder für etwas, das vor meinen Augen geschieht. Sie sind auf Zukunft ausgerichtet, auf Leben und Weiterleben. Doch die Aussicht auf ein Ende nimmt sie nicht in Bann. Sie leben ohne Angst. Sie führen mir etwas vor Augen, das zu vergessen ich oft in Gefahr bin. Ich kann mir nicht selber das Leben geben. Es ist ein Geschenk, dem ich mich anvertrauen kann. Vogel und Lilie führen mir vor Augen, wie sich alles einem großen Geschenk verdankt, wie Dinge von selbst geschehen, mühelos. Sie verdanken sich nicht der eigenen Mühe. Sie werden von etwas getragen. Wenn ich lerne, Vogel und Lilie mit den Augen Jesu zu sehen, kann ich das entdecken. Ihr Dasein macht mir dann deutlich, was es mit dem Leben als Geschenk auf sich hat. Ja nicht nur das, es macht mir deutlich, wie sehr alles ein Geschenk ist und wie reich ich selber beschenkt bin. Wenn ich das sehe, ist das Auge gesund. Dann lebe ich anders.

Wenn ich zu predigen habe, schreibt Julian Schutting für mich manchmal kleine Texte zur jeweiligen Stelle des Evangeliums. Zu der Stelle mit den Vögeln und den Lilien etwa: „Die Lilien auf dem Felde, mit denen sich zu solidarisieren scheinen die Bettler und Bettelmönche, und hätte der Lilienduft dieses Evangeliums anschei-

nend oder scheinbar in orientalisch-fatalistischer Denkungsart zweierlei Botschaften ergehen lassen:
Ihr Obdachlosen, Ihr Ausgestoßenen, Ihr Straßenkinder … trachtet danach, mit dem heutigen Tag halbwegs menschenwürdig zurechtzukommen – es wird euch auch morgen das Notdürftigste gegeben werden.
Und die Botschaft an uns, und sollte in unserer Werteskala der Begriff ‚Genügsamkeit' nicht ganz unten rangieren?
Ihr, die Ihr reichlich habt, erweist Euch als barmherzig, indem Ihr ohne Bedenken gebt, ob der jeweilige Bettelnde Eurer Gaben würdig ist oder ob er sein Unglück vielleicht leichtsinnig verschuldet hat! (Und hättet Ihr in christlicher Nächstenliebe von dem Unbehagen abzusehen, dass da manchmal auch frech an Eure Barmherzigkeit appelliert wird!)."
Ich kann mich nicht selber aus der Angst um mich befreien. Ich bin dazu auf andere angewiesen. Das können Menschen sein, die mir begegnen und mich aus meiner Versponnenheit in eigene Sorgen und Nöte herauslocken. Das kann ein großer alter Text sein wie der des Evangeliums, oder ein kleiner neuer, wie der von Julian Schutting. Sie selber sind das, wovon in ihnen die Rede ist. Sie sind ein Geschenk. Als Geschenk öffnen sie mir die Augen dafür, dass ich der Beschenkte bin. Sie machen mir keine guten Vorschläge, sie richten keine Appelle an mich, sie belehren mich nicht und wollen mich auch nicht von etwas überzeugen. Sie führen mir etwas vor. Sie bemühen sich um mich, indem sie die Enge meines Blicks, die Befangenheit meiner Sichtweise weiten. Sie

schenken mir mit einem Wort neue Augen. Mit ihnen entdecke ich, dass ich Tag für Tag der Beschenkte bin. Und wenn ich das erkenne, immer tiefer erkenne, wird der Dank für dieses Wunder mein Leben tragen. Ich lasse mich Tag für Tag beschenken, bin im Dank zu Hause und vertraue mich dankbar dem Anderen an.

Wie entsteht Dankbarkeit?

Wenn ich von meinem Arbeitsplatz zum Fenster hinausschaue, sehe ich die Türme der Jesuitenkirche. Wunderbare Gebilde sind das, kraftvoll und elegant. Die Vergoldungen strahlen, die grünen Turmhelme leuchten vor dem blauen Himmel. Schön ist das. Und ich sehe diese Schönheit. Ich bin dankbar dafür, dass ich das sehe.
Wie entsteht der Dank? Er kann das Ergebnis von Erziehung sein. Dem Kind wird gesagt: Sei dankbar! Und das Kind bedankt sich. Er kann auch das Ergebnis von Berechnung sein. Der Vorgesetzte weiß, dass seine Leute Dank zu schätzen wissen. Das wirkt sich in ihrer Leistung, in ihrem Engagement aus. Also gibt er ihnen nicht nur zu verstehen, dass sie ihre Pflicht zu erfüllen haben, sondern bedankt sich auch immer wieder bei ihnen. Es gibt den Dank auch als gesellschaftliches Ritual. Am Ende einer Eröffnungsrede wird allen an der Ausstellung Beteiligten gedankt. Die kirchliche Form der Litanei lebt hier in einem säkularen Umfeld weiter. Gedankt wird bei Jubiläen, bei Gedächtnisfeiern, bei Begräbnissen. Anscheinend gehört der Dank zur Ausstattung eines wohlerzogenen und erfolgreichen Menschen dazu. Aber was haben diese Formen des Danks mit dem Dank für die Wahrnehmung von Schönheit zu tun? Niemand fordert diesen Dank von mir. Die Türme bleiben seinetwegen auch nicht in einem besseren Zustand. Jubiläum gibt es auch keines zu feiern.

Es wäre eine Gesellschaft denkbar, die keinen Dank kennt. In der es ausschließlich Verpflichtungen gibt, Vereinbarungen, Verträge, Ansprüche. In der jeder seine Pflicht tut, nur seine Pflicht. Der Stärkere setzt sich durch, und der Schwächere hat zu gehorchen. Wer die besseren Beziehungen, die größere Macht, die robustere Natur besitzt, der ist oben und diktiert den anderen, was sie zu tun haben. Danken wird er nicht, das ist nicht notwendig. Sie tun nur das, was ihnen befohlen wurde. Wenn sie die entsprechende Leistung nicht erbringen, werden sie ausgetauscht. Es gibt diese Gesellschaft. Sie lässt sich nicht in der Form eines geschlossenen Gebildes identifizieren. Sie bildet aber einen Teil unserer privaten und öffentlichen Welten, sie ist ein Bestandteil der Wirtschaft, der Kultur, der Politik, aller Bereiche des Lebens.

Der Dank ist etwas Geheimnisvolles. Seine Gegenwart ist oft kaum zu merken. Fehlt er aber, dann verdorren ganze Regionen des Lebens. Was dann bleibt, hat mit den Abläufen in einer Maschine mehr zu tun, als mit den Vorgängen in einem lebenden Organismus. Wenn der Dank fehlt, gehen die Menschen zugrunde. Wie kommt der Dank ins Leben? Wie entsteht er? Der Dank entsteht aus einer Erfahrung, die ein Wissen voraussetzt. Das Wissen ist: Alles könnte auch nicht sein. Und die Erfahrung: Ich sehe etwas; ich höre etwas; ich empfinde; die Welt ist da, ich bin da.

Ein Freund hat mir von einem schweren Autounfall erzählt. Er ist bei hoher Geschwindigkeit eingeschlafen. Das Auto schlitterte die Leitplanke entlang und kam schließlich zum Stehen. Die Nachfolgenden hatten bereits Abstand gehalten, waren sofort bei ihm und haben geholfen. Niemand war verletzt. Das Auto hatte Totalschaden. Doch meinem Freund war das Leben neu geschenkt worden. Er war unsagbar dankbar.

Als Siebzehnjähriger konnte ich mich wegen einer schweren Erkrankung kaum bewegen. Wochenlang lag ich mit Schmerzen im Bett. Dass ich noch vor kurzem gelaufen war, konnte ich mir gar nicht mehr vorstellen. Und dann die ersten Schritte, noch unsicher, ohne Schmerzen. Und schließlich wieder laufen, springen, rennen. Seitdem bin ich dankbar dafür, dass ich mich so bewegen kann. Es ist wunderbar.

Erfahrungen dieser Art wird jede und jeder machen. Sie zeigen, wie wenig selbstverständlich das so selbstverständlich Scheinende ist. Es hat nichts mit „Aus Schaden wird man klug" zu tun. Auch nicht mit: „Du weißt ja gar nicht, wie gut es dir geht!" Es sind kleine und große Erfahrungen, die eine Initiation in das Leben bewirken. Sie lassen erleben, was durch kein noch so gescheites Buch, durch keine noch so eindringliche Belehrung vermittelt werden kann. Mein Leben und meine Welt sind nicht selbstverständlich. Sie sind ein Geschenk. Ich habe sie nicht verdient, habe keinen Anspruch auf sie, kann mich nicht auf Verpflichtungen berufen. Ich habe es mit einem Geschenk zu tun. Wenn ich das erkenne und annehme, dann entdecke ich den Dank.

Robert Musil hat in *Der Mann ohne Eigenschaften* von „Möglichkeitssinn" gesprochen. Politik, Wirtschaft und Kultur sind nicht nur auf Wirklichkeitssinn angewiesen.

Sie brauchen auch den Möglichkeitssinn, der den Zugang zu Räumen und Welten erschließt, von denen die Realisten keine Ahnung haben. Die Menschen des Möglichkeitssinnes wissen, dass alles auch anders sein könnte. Und sie arbeiten daran, diesem Anderen Raum zu geben. Sie wissen aber auch, dass die Entstehung des Anderen nicht die notwendige Konsequenz ihrer Arbeit ist. Denn notwendig ist hier nur das Planbare und Voraussehbare. Gerade das aber ist nicht das, worum es geht. Der Möglichkeitssinn ist ständig auf der Lauer nach dem, was sich nicht von selbst versteht. Dieses wird geschenkt. Ich muss allerdings dort sein, wo es geschieht. Und ich muss es erkennen.

Ich kann mich zurücklehnen, einmal nichts tun und achten auf das, was um mich geschieht. Dabei kann ich entdecken, dass mir vieles zugetragen wird, das mich in meinen Aufgaben und Vorhaben bereichert, das mir weiter hilft. Ich muss nur wahrnehmen, ich muss nur da sein. Der Dank lehrt mich, dass ich immer beschenkt bin. Und die Wahrnehmung des Geschenks mehrt den Dank. So wachse ich nach und nach ins Leben hinein.

Dort, wo Dank spürbar ist, weiß ich, dass Welt und Leben, die kleinen und die großen Begebenheiten als Geschenk wahrgenommen werden. Das heißt nicht, aufgetragene Verpflichtungen und gerechte Ansprüche als nebensächlich zu betrachten. Sie haben ihr Gewicht. Ihnen muss entsprochen werden. Aber jedes Tun kann größer sein als das, was die Verpflichtung fordert. Auf dieses Mehr kommt es an. In ihm liegt das kreative und geistige Potenzial einer Gesellschaft. Der Dank erkennt dieses Mehr. Er erkennt auch die Möglichkeit dazu. Daher schafft er Bedingungen, in denen es sich zeigen und entfalten kann, ganz und gar nicht selbstverständlich.

Auf der Intensivstation

Die Situation auf der Intensivstation eines Krankenhauses gleicht in gewisser Weise einer Theateraufführung oder einer Liturgie. Sie hat etwas Feierliches und Getragenes, es herrscht eine eigenartige Stille, gesprochen wird mit verhaltener Stimme, das Vokabular ist reglementiert, die Bewegungen sind sparsam, auch sie folgen bestimmten Regeln, Bildschirme geben Leuchtbotschaften. Alles ist darauf ausgerichtet, einen Kreislauf elementarer Lebensvollzüge aufrecht zu erhalten. In dieser Welt, die eine Spitze des Fortschritts darstellt, scheint aller Fortschritt zum Stillstand gekommen zu sein. Mensch und Maschine sind Teil eines immerwährenden Kreislaufs geworden. Ein Kreislauf des Lebens, der zugleich ein Kreislauf immerwährenden Sterbens ist.

Eine Intensivstation: Vielleicht gibt es keinen anderen Ort im Erfahrungsfeld unserer Kultur, wo das Leben so sehr in Schwebe ist. Nicht nur vorübergehend, wie bei einem Autorennen oder einer Schiabfahrt, nicht nur gespielt, wie im Kino oder auf der Bühne, sondern auf Dauer und ernsthaft. Wenn hier etwas schiefgeht, ist es unwiderruflich vorbei, stürzt der lebende Körper in die Starre des Todes. Doch wenn es gut geht, wenn alles gut geht und ein Patient freikommt von der Maschine, vom Kreislauf des immer Gleichen, wenn er heimkehrt ins normale Leben, eines bleibt doch gleich: die Schwebe. Auch das Leben der Gesunden ist immer in Schwebe, sie merken es bloß nicht. Mit einem entscheidenden Unterschied. Der Schwebezustand einer Intensivstation ist von Menschen inszeniert, eine Konstruktion, die nur mit großem Wissen und Können möglich ist. Diese Konstruktion führt etwas vor, das im Normalzustand verborgen bleibt.

Normalerweise bin ich bekleidet, eine Person mit klar gezogenen Konturen, selbstbestimmt und standfest. Doch plötzlich kann das alles in Frage gestellt sein. Ein Blutgerinnsel, ein unvorsichtiger Schritt auf die Straße, ein Moment der Ablenkung beim Autofahren. Normalerweise weiß ich mir selbst zu helfen, ich glaube es zu wissen und merke gar nicht, wie sehr ich auf die Hilfe, das Entgegenkommen, die Aufmerksamkeit anderer angewiesen bin.

Eine Intensivstation ist ein Ort, wo zwei elementare Lebenserfahrungen auf vielleicht einzigartige Weise, in einzigartiger Intensität zu machen sind: die Erfahrung, dass mein Leben immer in Schwebe ist, und die Erfahrung, dass ich auf die Hilfe anderer angewiesen bin, um zu leben.

Intensivstationen sind das Ergebnis einer langen kulturellen Entwicklung. Sie sind Konstruktionen, alles andere als selbstverständlich. Warum wurden Orte geschaffen, wo Menschen nackt, entpersonalisiert und ausgeliefert im Zustand der Schwebe auf der Schwelle zum Tod gehalten werden? Warum werden sie nicht einfach dem Tod überlassen? Und warum werden Orte geschaffen, wo das Angewiesensein auf die Hilfe anderer so extrem zu erfahren ist, wo ich mir überhaupt nicht mehr selber helfen kann? Wäre es nicht besser, dem

Leben ein Ende zu machen oder es zu Ende gehen zu lassen, wenn sich ein Mensch nicht mehr selber helfen kann?

Mir scheint, dass Intensivstationen ganz außerordentliche und ungewöhnliche Konstruktionen sind. Sie sind in einem sehr besonderen und vielleicht auch überraschenden Sinn symptomatisch für die westliche, europäische und nordamerikanischen Kultur. Ich bin sehr dankbar, dass es sie gibt.

Warum sind Intensivstationen symptomatisch für die westliche Kultur? Ich versuche, durch einige theologische und kunsthistorische Hinweise eine Antwort anzudeuten.

Im Zentrum des Christentums westlicher Prägung stehen das Kreuz und die Gestalt des Gekreuzigten. „Er war Gott gleich, hielt aber nicht daran fest, wie Gott zu sein, sondern er entäußerte sich und wurde wie ein Sklave und den Menschen gleich. Sein Leben war das eines Menschen; er erniedrigte sich und war gehorsam bis zum Tod, bis zum Tod am Kreuz." (Phil 2,6-8) Jesus Christus, wahrer Gott und wahrer Mensch, ist, wie diese berühmte Stelle aus dem Brief des Apostels Paulus an die Philipper sagt, nackt und ausgeliefert am Kreuz gestorben. „ ... seine Gestalt war nicht mehr die eines Menschen" heißt es im 4. Gottesknechtlied des Propheten Jesaja (Jes 52,14c) – er war entpersonalisiert. In der aufmerksamen Wendung zu den Nackten, Entpersonalisierten und Ausgelieferten ist etwas Großes zu entdecken, ein Geheimnis. Sie ist eine Wendung zu Gott.

In Bildern ist diese Wende vielfach vollzogen worden. Ausdruck davon sind gewaltige Darstellungen des schrecklich zugerichteten Gekreuzigten. Zu erinnern ist hier an die sogenannten „Pestkreuze“ aus der Mitte des 14. Jahrhunderts und besonders an das Bild des Isenheimer Altars von Grünewald. Renaissance und Barock habe für das Bild des Gekreuzigten einen athletischen Typ bevorzugt. Nackt und ausgeliefert ist auch er, vielleicht noch mehr, da all seine Kraft vergeblich ist. Im frühen 19. Jahrhundert schuf Goya völlig neue, säkulare Bilder des leidenden Menschen. Er setzte die christliche Bildtradition mit eigenen Erfindungen fort. Als im 20. Jahrhundert die christlichen Themen ihre Bedeutung verlieren, bleibt doch das Bild des gequälten Menschen. Die Wendung zu den Leidenden ist ein Hauptmotiv der Kunst des vergangenen Jahrhunderts.

Alle diese Kunstwerke sind auch Gestaltungen eines Zustands der Schwebe. Sie haben unmittelbar etwas mit dem zu tun, was auf einer Intensivstation geschieht. Im nackten, entpersonalisierten und ausgelieferten Menschen wird etwas Großes, Wunderbares, Erstaunliches wahrgenommen. Nicht mehr ein Gott, aber etwas, das die Hingabe und den Einsatz lohnt. Eine besondere Stille, eine außergewöhnliche Gemeinschaft, ein überwacher und zugleich traumhafter Zustand der Schwebe. Was ist groß, wunderbar und erstaunlich? Warum bin ich dankbar für Intensivstationen und für das, was auf ihnen zu erfahren ist?

Die Erfahrung von Hilfe durch die Pflegenden und die Ärzte ist Grund genug zu danken. Aber auch darüber hinaus gibt es etwas zu erfahren. Wer jemals in die Situation der Leidenden eingetaucht ist, wird davon berichten können. Meine Mutter war wenige Tage vor ihrem Tod bereits scheinbar verstummt und abwesend. Eine Krankenschwester hatte die Infusion gerichtet und dann zu sich gesagt: Das geht nicht gut. Da wandte sich meine Mutter mir zu, lächelte leicht und sagte: Genne gut. Die Krankenschwester wird das wohl bloß für ein entferntes Echo ihrer eigenen Worte gehalten haben. Es war aber mehr. Es waren Worte und die Sprache meiner zwei Jahre davor verstorbenen Schwester, eines behinderten Kindes, das meine Mutter über zehn Jahre mit großer Liebe gepflegt hat. In diesen letzten Worten, die ich von meiner Mutter gehört habe, war die ganze Liebe zu ihrem Kind, meiner Schwester enthalten. Wenige Tage danach hat meine Mutter außer einem stoßweisen Atmen keine Regung mehr gezeigt. Ich stand mit meinen einundzwanzig Jahren ratlos an ihrem Bett. Zu sagen gab es da nichts mehr. Da habe ich ihr etwas versprochen, zwei Dinge: Um meinen Glauben zu kämpfen und den Weg konsequent zu gehen, den ich als den richtigen erkennen werde. Das mache ich seither.

Durch die Begegnung mit Menschen an der Schwelle zum Tod, Menschen, die äußerst ausgeliefert sind, scheinbar ohne Sprache und Reaktion, Menschen, die scheinbar alles verloren haben, was sie besonders und einzigartig macht, gibt es etwas zu erfahren. Durch die Begegnung kann in ihnen etwas wachgerufen werden, das als eine große Kostbarkeit zu erkennen ist, wenn ich nur die Sprache verstehe.

Die Bemerkung der Krankenschwester war ja ganz und gar beiläufig, belanglos. Aber sie hat eine wunderbare Antwort gefunden, ein Wort für mich. Wie viel teilen stumme Patienten mit, das nicht im Moment verstanden wird, weil die Kenntnis der Sprache und die Einsicht in Zusammenhänge fehlen?
Das Versprechen hat meine Mutter in mir wachgerufen. Obwohl sie nur mehr ein mühsam atmender Körper zu sein schien. Sie hat mich in eine Situation gebracht, in der solche Dinge gesagt werden konnten. Das geht, wenn der Zustand der Schwebe einmal intensiv zu erfahren ist. Wer weiß, was Patienten auf Intensivstationen aus Pflegenden und Ärzten herauslocken?
Nackt, entpersonalisiert, ausgeliefert – unsere Gesellschaft leistet es sich, Orte zu konstruieren, wo Menschen so sein können und Leben in Schwebe gehalten wird. Manchmal scheint es dort, als würde ausschließlich die Möglichkeit des Lebens bedacht. Ein Mensch kann aber auch in den Tod hinein freigegeben werden. Er muss nicht zum Weiterleben gezwungen werden. Dann wird die Intensivstation auf neue Weise zum Ort der Schwebe, einer intensiven Erfahrung von Leben und Tod. Ein Ort ungeahnter Entdeckungen und immer neuen Danks.

In Schwebe

Warum lohnt es sich, zu leben? Die Frage stellt sich mir nicht, wenn alles gut geht. Sie stellt sich mir nicht, wenn ich genügend Ablenkung habe, wenn ich unterhalten werde und Zerstreuungen genießen kann. Wenn aber die Unterhaltung ein Ende hat, wenn das Angenehme seine Wirkung verliert, wenn das Leben von Tod oder Krankheit in Frage gestellt wird, dann kann diese Frage auftauchen. Warum lohnt es sich, zu leben?

Goya, mit vollem Namen Francisco José de Goya y Lucientes, lebte von 1746 bis 1828. Er war königlicher Hofmaler, einer der Großen nicht nur der spanischen, sondern der europäischen Kunst. Seine Werke stellen den Betrachter immer wieder an den Rand der eigenen Existenz. Sie stoßen ihn aus einer als selbstverständlich genossenen Behaglichkeit heraus, reißen Abgründe auf. So heftig wie von diesen Bildern werden eine Betrachterin oder ein Betrachter nur selten vor ungemütliche Fragen gestellt, Fragen, denen sie vermutlich viel lieber auswichen. Doch die Bilder lassen sie nicht los.

„Los desastres de la guerra" gehört zu jenen Arbeiten Goyas, die mich am tiefsten beeindrucken. Die umfangreiche Serie von Bildern stellt mich, so intensiv wie keine andere Bilderserie der europäischen Kunst, vor eine Frage. „Warum lohnt es sich, zu leben?" Das fragen mich diese Bilder. Und sie geben eine Antwort, sehr still, sehr verhalten, aber deutlich weisen sie mich auf etwas hin.

1808 war in Spanien ein Aufstand gegen die das Land

beherrschenden französischen Truppen ausgebrochen. Er sollte sich bald zu einem sechs Jahre währenden Krieg weiten. Die Schrecken dieses Krieges haben ihren Niederschlag in jener 82 Blätter umfassenden Serie von Radierungen gefunden, an der Goya zwischen 1818 und 1820 arbeitete, den „desastres de la guerra". Das Blatt 36 hat den Titel „Tampoco" („Auch hier nicht"). Er bezieht sich auf den Titel des vorhergehenden Bildes „Niemand kann wissen warum".

Ein französischer Offizier schaut auf zu einem Erhängten, einem Spanier. Der Soldat sitzt weit zurückgelehnt. Er könnte seine Haltung wohl lange beibehalten. Der große kubische Block, auf den er sich stützt, gehört wie ein Sockel zu diesem ruhig Betrachtenden. Den Eindruck des Gelagerten unterstützt auch die Strichführung in Figur und Block, zumeist Waagrechte oder flache Bögen. Der Gehängte nimmt die Mitte des Bildes ein. Der Strick bezeichnet exakt die Bildachse. Im linken Bildfeld sind, kaum angedeutet, zwei weitere Gehängte zu sehen. Eine an Länge zunehmende Reihe paralleler senkrechter Striche begleitet den am meisten entfernten der drei Gehängten gleich einem zunehmenden Schatten. Diese Striche bereiten die große Senkrechte des dritten Gehängten vor, sie lassen diese aus dem ganz Kleinen hervor wachsen. Zu Füßen des Gehängten und hinter ihm ein Gewirr kleiner, spiralig ineinander gedrehter Striche. Ein dunkles Gebrodel als Folie zu dem ruhigen Betrachten, dem stillen Hängen.

Dann gibt es noch den Baumstamm, diese robuste Schräge, der die Schräge des Offiziers antwortet. Der

Ruck, mit dem das Leben zum Stillstand gekommen ist, wird spürbar. Das Haupt vom Rumpf wie abgeknickt, der Körper vom Saum des Hemdes wie abgehackt, darunter zusammengebauscht die Hose. Ein kopfloser Körper scheint zu schweben, schwerelos vor dem Dunkel von Buschwerk und Stamm.

Worauf weist dieses Bild hin? Es bringt mir die Opfer vor Augen. Goya stellt sich mit allen Bildern der umfangreichen Serie auf die Seite der Opfer, seien sie nun Spanier oder Franzosen. Allein das ist erstaunlich. Es wird kein Heldengesang angestimmt, keine Verherrlichung von Gewalt für einen erhabenen Zweck betrieben. Ganz anders als die vielen lauten Bilder einer patriotischen Propaganda sind die Bilder Goyas sehr still. Auch dann, wenn das Gezeigte schrecklich ist, und es gibt noch viel entsetzlichere Bilder, auch dann bleibt das Bild merkwürdig leise. Es ist, als wäre etwas zum Stillstand gekommen. Was? Angehalten wird die zerstörerische Dynamik von Gewalt und Gegengewalt, von töten und getötet werden. Angehalten wird auch alles Selbstverständliche von Erklärungen, die solchen Vorgängen immer wieder gegeben werden. Die Hinweise auf erlittenes Unrecht, auf die Despotie der Herrschenden, auf die Notwendigkeit zur Selbstverteidigung und zur Verteidigung der Freiheit, auf Ehre, Freiheitsliebe, auf Gott und Vaterland, alle diese Hinweise auf Verständlichkeit und Rechtmäßigkeit des Kampfes, sie werden alle nicht gegeben. Und keines der Bilder fordert zu Vergeltung auf.

Die Selbstverständlichkeit der Gewalt kommt in diesen Bildern zu einem Stillstand. Ein Abgrund tut sich vor mir auf. Wie konnte das geschehen? Und wie kann es weitergehen? Doch die Bilder antworten nicht auf Fragen nach Vergangenheit oder Zukunft. Sie geben keine Erklärung und machen keine Vorschläge. Sie halten etwas in Schwebe. Sie erzeugen einen Blick, der konzentriert auf die Opfer gerichtet ist und nicht gleich weitereilt, sei es zu Vergeltung oder Verbitterung, zu Taten oder Verzweiflung. Vielleicht ist das der entscheidende Hinweis, den diese Bilder geben.

Wie der Erhängte schwebt, so schwebt die ganze Szene in einem umrisslosen, nebeligen Grau. Die Grenzen dieses Raumes sind nicht zu ermessen. Er hat nichts Gegenständliches. In ihm wird alles in Schwebe gehalten. Goya setzt jede einzelne Szene in die Weite eines unfassbaren Raumes. Hier ist es still. Alles wird in Schwebe gehalten. Das Urteil über diese Welt ist noch nicht gesprochen.

Warum es sich lohnt, zu leben? Das Bild erzeugt in mir den Blick für die Opfer und die Einsicht, dass es nicht an mir liegt, das Urteil über diese Welt zu sprechen. An mir liegt es, jenen Zustand der Schwebe zu suchen, der das Zukünftige nicht unter der Last vergangener Verhängnisse erstickt, sondern dem Neuen, dem Kommenden Raum schenkt. Es ist ein Zustand höchster Aufmerksamkeit. Ich würde vor diesem Bild sagen, es lohnt sich, zu leben, weil ich diesen Blick, diese Haltung gewinnen kann. Und wenn ich sie habe, stellt sich die Frage nicht mehr.

Führe uns nicht in Versuchung!

Am Ende des Vater Unser wird eine sonderbare Bitte ausgesprochen: „Und führe uns nicht in Versuchung, sondern rette uns vor dem Bösen." (Mt 6,13) Dass wir Gott bitten sollen, uns vor dem Bösen zu retten, leuchtet ja ein. Aber „führe uns nicht in Versuchung"? Kann Gott jemanden in Versuchung führen? Versuchung ist ja das Geschäft des Teufels, da wird sich Gott nicht einmischen. Andererseits gibt es die eigenartige Geschichte von Hiob, der in gewisser Weise von Gott dem Teufel ausgeliefert wird. Nicht endgültig, aber doch auf Zeit überlässt Gott seinen Diener Hiob den Nachstellungen des Bösen. Könnte ein Hiob in einer solchen Situation nicht auf den Gedanken kommen, Gott habe ihn endgültig ausgeliefert? Bei der Versuchung, in die Gott hineinbringt, handelt es sich gewiss nicht um Verlockungen des Essens oder Trinkens, auch nicht um Erotisches oder Sexuelles. Es gibt eine Versuchung, den Grund aller Versuchungen, die im Verzweifeln an der Liebe Gottes besteht. Diese Liebe ist, wie jede Liebe, nicht selbstverständlich. Es könnte ja sein, dass sie zurückgenommen wird, dass sie sich verflüchtigt, im Lauf der Zeit als nicht dauerhaft erweist. Was dann? Könnte es nicht sein, dass Gott meiner müde wird, nachdem er über Jahre Zeuge meiner Unzulänglichkeit gewesen ist? Wie viele Menschen erfahren das Zerbröseln einer Liebe, die groß und strahlend begonnen hat. Bei der Liebe Gottes könnte es doch genauso sein. Sie könnte eines Tages zurückgenommen werden.

Die Bitte „und führe uns nicht in Versuchung" hat nur dann Sinn, wenn ich mich mit ihr der Liebe Gottes anvertraue. Diese Liebe ist ein Geschenk. Sie ist alles andere als selbstverständlich. Die Bitte macht mir das deutlich. Sie macht mir bewusst, dass ich Tag für Tag der Beschenkte bin, ich wie alle Menschen. Sie ist der Ausdruck eines leidenschaftlichen Begehrens, dieses Bewusstsein nie zu verlieren. Ich muss den heftigen Wunsch äußern, in der Liebe Gottes leben zu wollen. Die Versuchung besteht in dem Wunsch, mich dieser Liebe nicht anzuvertrauen und mir selber den Boden unter den Füßen zu geben. Die Versuchung besteht darin, aus dem Ungesicherten des Vertrauens, aus der Offenheit der Gnade ins Gewisse und Eindeutige verfügbarer Sicherheiten zu kommen. Die Bitte soll mich davor bewahren, einen Schwebezustand zu verlassen.
Jesus wurde, so berichtet das Matthäusevangelium, vom Geist in die Wüste geführt, um vom Teufel versucht zu werden (Mt 4,1-11). Jesus sollte, so wurde es ihm vom Teufel nahegelegt, klare Verhältnisse schaffen. Er sollte zeigen, wer er sei. Und wenn schon nicht das, so sollte er doch die Herrschaft des Teufels als gewiss anerkennen. Doch Jesus lässt alles offen. Es gibt weder einen Triumph des Sohnes Gottes, noch einen des Teufels. Die Welt bleibt, wie sie war. Es ist alles beim Alten. Und doch ist da etwas Neues. Der Teufel scheint sich seiner Macht über die Welt völlig sicher zu sein. Doch diese Macht hat ein Ende. Andererseits ist die Geschichte fern davon, den endgültigen Triumph Gottes vorzuführen. Am Ende der Geschichte von der Versuchung Jesu ist ein unmerklicher

Schwebezustand hergestellt. Das lässt sich sehr gut daran erkennen, dass auf das ausdrückliche und spektakuläre Vorführen des Schwebens durch Jesus verzichtet wird. Er schafft keine Sicherheit, indem er zeigt, dass er durch die Luft gehen kann, dass er im Bodenlosen getragen wird, dass er nicht zu Fall kommt. Er lässt die Frage, ob er Gottes Sohn sei, unbeantwortet. Er lässt die Dinge in Schwebe. Unmerklich und sehr still wird hier ein Raum für die Freiheit des Menschen bereitet. Wäre der Sieg Gottes offenkundig, wir wären überwältigt. Ebenso bei einem Sieg des Bösen. So aber werden wir, gewissermaßen in einem Spannungsfeld widerstreitender Kräfte, in einem Schwebezustand gehalten.

Dieser Schwebezustand gilt für alle Bereiche des Lebens, Gesundheit und Krankheit, Jugend und Alter, Armut oder Wohlstand, schön oder hässlich, blühend oder verwelkt – überall ist uns die Möglichkeit geschenkt, uns der Nähe Gottes anzuvertrauen. Überall ist es auch möglich, sich seiner Liebe zu verweigern. Kein Bereich der Welt ist von sich aus näher oder ferner von Gott. Überall ist das Geschenk der Liebe zu erfahren. Das ist allerdings alles andere als selbstverständlich. Es ist ein Wunder, dem ich mich anvertrauen kann. Dieses Wunder hält mein Leben in Schwebe. Es lässt es nicht in die Endgültigkeit des Fertigen aushärten. Es bleibt immer offen. Dafür bin ich sehr dankbar. Denn diese Offenheit ist der Raum meiner Freiheit.

In der Kunst des 20. Jahrhunderts ist die Schwebe immer wieder zu entdecken. Sie wird allerdings nicht wie im Barock als bewusster und genossener Zustand vorgeführt, im Schweben von Engeln und schwerelos wirkenden Heiligen. Die Schwebe des 20. Jahrhunderts ist vielmehr ein Milieu, das in sich völlig Widersprüchliches, Schmerzendes, auch Schreckliches birgt. Kaum jemand hat das so eindringlich vor Augen geführt wie Francis Bacon. Die Gestalten seiner Bilder sind oft zu Fleischklumpen zerstörte Figuren, schrecklich deformierte Gebilde, schreiende Menschen am Rand ihrer Existenz, Mächtige fernab aller Eigenmächtigkeit. Sie alle sind in einen Farbraum oder ein Farbfeld gestellt, das nicht die Wiedergabe eines erfahrbaren Raums ist. Sie werden in diesem Milieu in Schwebe gehalten. Die Farben der Figuren sind von wunderbarer Schönheit. Das Schreckliche des Lebens, eine außer sich geratene Existenz, wird hier nicht als Endgültiges gezeigt. Es wird etwas offen gehalten, es bleibt etwas in Schwebe. Zugleich zeigt sich gerade in diesen Gestalten eine erstaunliche Schönheit, die nicht von ihnen selbstbewusst vorgeführt, sondern viel eher an ihnen offenbar wird, ohne ihr ausdrückliches Zutun.

Sehr viele Werke der abstrakten Kunst vermitteln ebenfalls einen Zustand des Schwebens. Sei es durch die in die Fläche gesetzten Zeichen, sei es durch einen besonderen Umgang mit Farbe oder durch geometrische Ordnungen. Nach meinen Beobachtungen gilt das hier für die bildenden Kunst Gesagte auch für die gleichzeitig entstandene Musik.

Was hat das alles zu bedeuten? Vielleicht ist uns heute die Gefährdung des Menschen viel mehr bewusst als früher. Vielleicht finden wir heute angesichts der Katastrophen und des Schreckens keinen Trost mehr in höheren Welten. Umso größer ist die Versuchung, zu verzweifeln. Umso größer ist die Versuchung, aus eigener Macht Sicherheiten zu schaffen. Umso größer ist die Verantwortung, der Welt den Zustand der Schwebe zu bewahren. Er tut jenen Raum auf, in dem das letzte Urteil noch nicht gesprochen ist, in dem auch dann, wenn alles zu Ende scheint, ein neuer Anfang möglich ist, in dem Leben und Welt jeden Tag neu als Geschenk empfangen werden können. Ich bin dankbar, dass es diesen Raum gibt. Und ich bin dankbar dafür, dass ich jeden Versuch, das Ungewisse dieses Raums ins Gewisse fester Sicherheiten zu biegen, als Versuchung zu erkennen vermag. „Führe uns nicht in Versuchung" – halte uns in der Schwebe.

Vom Gewicht des Lebens

Normalerweise bedanken wir uns für das Positive, das Schöne, das Angenehme. Kann man auch für eine Katastrophe dankbar sein, für eine Krankheit, ein Unglück, ein Leid? Wenn es andere getroffen hat, möglicherweise. Schadenfreude ist ja weit verbreitet. Vielleicht mischt sich in den Dank auch das Bewusstsein, ganz mit Recht eine bessere Behandlung verdient zu haben. Der andere hat es doch darauf angelegt, er ist mit seiner Gesundheit nicht gut umgegangen, er hat mit dem Feuer gespielt. Selber hat man sich so etwas nicht vorzuwerfen. Dankbar stellt man fest, dass zwischen den Braven und den Missratenen doch ein Unterschied gemacht wird. Aber dieser Dank hat keine Kraft. Er ist ein Kind der Selbstzufriedenheit, langweilig und stumpfsinnig.
Wie ist es aber, wenn jemand durch Not und Leid zu gehen hat? Können er oder sie dafür dankbar sein? Im Moment wird das nicht gelingen. Ich habe aber immer wieder erfahren, dass Menschen durch die Erfahrung von Not und Leid einen neuen Zugang zum Leben gefunden haben. Es sind ihnen bisher fremde und wunderbare Welten aufgegangen. Die Bedrohung des Lebens durch eine schwere Krankheit lässt alles in einem anderen Licht wahrnehmen. Kleine und unbedeutende Dinge bekommen eine ungeahnte Bedeutung. Was bisher als Problem den Tag verdunkeln konnte, ist mit einem Mal weit weniger wichtig. Diese Menschen sind aus sich herausgerissen worden. Das Leben für andere bekommt Gewicht.

Nach dem Tod meiner Schwester und meiner Mutter war mein Leben durch Jahre verdüstert. Dabei wäre alles sehr schön gewesen. Ich war umgeben von schönen Dingen, wohnte an einem Ort von märchenhafter Schönheit, war im Studium mit viel Schönem befasst. Ein Leben im Schönen, wie ich es mir gewünscht hatte. Aber das hat nicht genügt. Der Tod hat das alles zunichte gemacht. Es war, als würde auf die Welt ein unaufhörlicher Staubregen niedergehen, der alles zudeckte, die Farben in eine graue Wüste verwandelte, den Dingen ihre Gestalt nahm und die Welt zu einer Ödnis machte.

Aus einer Sehnsucht nach Freude habe ich damals zum Glauben gefunden. Mich hatte die Gestalt des Franz von Assisi beeindruckt. Er hatte nichts, und alles verwandelte sich ihm in Freude. Wie war das möglich? Damals ist mir aufgegangen, dass das Wort des Evangeliums eine schöpferische Kraft hat. Es kann ein Leben verändern. Wer sich diesem Wort anvertraut, dem schenkt es neues Leben. Das war ein langer und mühsamer Prozess.

Aus einer Sehnsucht nach Schönheit und Sinn habe ich damals auch zur Kunst gefunden. Nicht zur Kunst, wie ich sie mir zum eigenen Genuss wünschte. Sondern zur Kunst, wie sie mir in Werken der Kunst begegnete. Das bedeutete einen Auszug aus vielen Vorstellungen, Träumen, Bedürfnissen und eine Hinwendung zu den konkreten Dingen. Ich habe Stunden vor einzelnen Kunstwerken verbracht, mich durch Monate auf eine trockene Auseinandersetzung mit Bildern eingelassen, eine Wüste von aussichtslos scheinenden formalen Untersuchungen durchquert.

Sowohl im Glauben als auch in der Kunst ist etwas herausgekommen, das sich als Basis meines Lebens seitdem bewährt hat. Ich weiß nicht, ob die Katastrophen meines Lebens die notwendigen Voraussetzungen dafür waren. Das will ich nicht behaupten. Aber sie haben eine Atmosphäre geschaffen, in der etwas gedeihen konnte, das unter anderen Umständen so nicht zum Vorschein gekommen wäre. Wenn ich es mir im Leben zu leicht mache, bleiben mir bestimmte Dinge verborgen. Aber muss ich es mir schwer machen? Sicher muss ich nicht eigens das Schwere suchen. Aber ich soll ihm nicht ausweichen. Jede und jeder hat auf eine eigene Weise Zugang zum Schweren. Wenn ich mich auf die Schwere meines Lebens einlasse, dann zeigt sich ein Grund.

Wie kann ich auf den Grund meines Lebens kommen? In seinem letzten „Schalldämpfer" hat Axel Corti kurz vor seinem Tod dazu etwas gesagt, das mir in Erinnerung geblieben ist: „Wir wissen's ja oft nicht, dass wir im Schweren sind, bis über die Knie, bis an die Brust, bis ans Kinn – sagt Rainer Maria Rilke. Aber sind wir denn im Leichten froh? Sind wir nicht fast verlegen im Leichten? Unser Herz ist tief. Aber wenn wir nicht hineingedrückt werden, gehen wir nie bis auf den Grund. Und doch, man muss auf dem Grund gewesen sein, darum handelt sich's." Am 26. Dezember 1993 wurde das im Radio gesagt.

Die Leichtigkeit des Lebens wird heute sehr gepriesen. Es gibt leichtes Essen, leichte Kleidung, leichte Unterhaltung. Alles soll leicht zugänglich sein. Aber leicht zugänglich ist nur das Oberflächliche, das Seichte. Wer in die Tiefe will, wer auf einen Grund kommen will, der muss bereit zur Schwere sein. Er muss sich ins Leben hineindrücken lassen. Wie kann das geschehen?

Wer heute fastet, will an Gewicht verlieren. Der Sinn des Fastens kann aber auch in etwas anderem gefunden werden, in einem scheinbaren Gegenteil, nämlich darin, an Schwere zu gewinnen. Ein bewusst geübter Verzicht auf Angenehmes, auf die leichte Lösung kann das Gewicht des Lebens spürbarer machen. Ich werde durch ihn ins Leben hineingedrückt. Aber was hat das heute noch zu bedeuten: etwas weniger Fernsehen, weniger Internet, weniger oder gar keinen Alkohol, einfaches Essen, ein bisschen freundlicher sein zu den Menschen usw.? All das hat einen gewissen Unterhaltungswert. Es bietet Gelegenheit, der staunenden Umwelt vorzuführen, wie sehr man Herr im Haus der eigenen Gelüste ist. Es ist eine harmlose Übung im Kreis Gleichgesinnter.

Ein tieferer Sinn des Fastens erschließt sich aus dem Bewusstsein der Schwere. Ich bin in diese Welt hineingedrückt. Ich kann mich nicht aus eigener Kraft über sie erheben. Das Fasten macht mir dieses Gewicht bewusst. Nach der Lehre der Bibel besteht das Fasten wesentlich im Einsatz für Andere. Doch auch darin bekomme ich das Gewicht der Welt immer mehr zu spüren. Die Nöte und das Leid eines Lebens, auch die Katastrophen könnten im Sinn eines Fastens gedeutet werden. Der mit ihnen verbundene Schmerz ist dann Durchgang zu einer neuen Erfahrung des Lebens, der Welt. Sie zeigt, dass ich mir das Leben nicht selber geben kann, dass ich es als Geschenk von anderen empfange. Sie macht mich offen

für dieses Geschenk. Sie führt mich so an die Schwelle des Danks.
Für die Christen ist das Fasten verbunden mit einer Wendung zu Jesus Christus. Sein Tod gibt dem Leben äußerstes Gewicht. Seine Auferstehung reißt das Leben aus der Verfallenheit in die Schwere. Ganz einfach und fromm gesagt: Aus Liebe nehme ich mit Jesus die Last des Lebens auf mich; hoffend vertraue ich mich der Liebe des Auferstandenen an, dass er mich von dieser Last befreie. Unsere Gesellschaft braucht dringend Menschen, für die das Leben schwer wiegt. Die Leichtigkeit des Seins ist zu wenig. Dank finden jene, die für andere bereit sind, zu Grunde gehen. Erst dort wird entdeckt, was trägt. Das ist der einfache Sinn der Worte Jesu: „Wer das Leben gewinnen will, der wird es verlieren; wer aber das Leben um meinetwillen verliert, wird es gewinnen." (Mt 10,39) Oder: „… man muss auf dem Grund gewesen sein, darum handelt sich's."

Im Vorläufigen

Wenn ich an einem dieser schönen Frühlingstage in der Früh am Fenster sitze, scheint die Sonne auf die rechte Wange und wärmt sie. Die linke Wange ist noch kalt. Als Jugendlicher habe ich das Strahlen der Sonne empfunden, ihre Hitze auf der Haut, ohne zugleich den Eindruck von Kälte zu haben. Nun aber bin ich älter geworden. Ich erinnere mich an die Bemerkung meines Vaters, der als alter Mann das im Winter kalte Holz einer Sitzbank nicht mehr zu erwärmen vermochte. Als Junger hatte er mit der Hitze seines Körpers auch noch den Schnee weggeschmolzen. So alt bin ich noch nicht. Doch ich spüre die Kälte zugleich mit der Wärme der Sonne. Die Kälte ist da. Die Wärme empfinde ich als ein Geschenk der Morgensonne. Auch wenn sie die Erfahrung der Kälte nicht nimmt, sie zeigt mir, dass es noch etwas anderes gibt.

Im Saal VIII der Ägyptischen Sammlung des Kunsthistorischen Museums in Wien ist ein Kopf aus dem 3. Jahrhundert zu finden, das Porträt eines älteren Mannes, aus dichtem, hartem schwarzen Stein gehauen. Der Hinterkopf ist abgesplittert, die Nase zerschmettert, doch das Gesicht hat seine erstaunliche Ausdruckskraft bewahrt. Dieser Kopf zählt für mich zu den größten Schätzen des an Kostbarkeiten nicht armen Museums. Die Gesichtszüge sind gesammelt ruhig, die Ruhe eines alten Mannes, die durch Schweres und Schönes geformt nun in einer unverkennbaren und gültigen Gestalt erscheint.

Die Züge haben nicht das Lebendige, Durchlichtete und über die Nöte des Lebens Hinausgehobene, wie es von den Figuren früherer Jahrhunderte verkörpert wird. Sie sind durch Widerstand geformt, durch lange Zeit gewachsen, durch Fragwürdiges aller Art gefestigt. Sie sind fest, aber nicht hart. Sie sind bestimmt, aber nicht verkrampft. Sie haben etwas Ruhiges und Waches zugleich. Es ist ein Kopf, der von innen geformt ist und zugleich das Gewicht der Außenwelt verspüren lässt. Er kennt die Kälte, doch strahlt aus ihm eine Wärme, die mehr ist und anders als die Hitze eines jugendlichen Körpers. Es ist eine Aufmerksamkeit in diesem Kopf, die vom Widerstand der Welt nicht in Frage gestellt, viel mehr gefestigt worden ist.

Vor Kurzem habe ich wieder die Geschichte von der Auferweckung des Lazarus gelesen (Joh 11,1-44). Jesus erfährt von der Erkrankung seines Freundes, bleibt aber noch einige Tage fort. Als er schließlich den Erkrankten aufsuchen will, ist dieser schon gestorben. Seit vier Tagen liegt er bereits im Grab. Die Schwestern des Lazarus, Maria und Marta, empfangen beide Jesus mit den Worten: „Herr, wärest du hier gewesen, dann wäre mein Bruder nicht gestorben." Auch jetzt noch vertrauen sie Jesus. Sie führen ihn zum Grab. Jesus weint. Er lässt den Stein vom Grab entfernen und ruft in die Höhle: „Lazarus, komm heraus!" Da kommt der zum Leben Erweckte in Binden gewickelt heraus. Jesus sagt: „Macht ihn frei und lasst ihn gehen."

Diese Geschichte ist für mich einem Sonnenstrahl gleich, der in einen kalten, düsteren Raum fällt. Das Unerbittliche des Todes, das Kalte der Welt werden nicht aufgehoben. Aber es zeigt sich inmitten von all dem eine Güte, eine Zuwendung, eine Nähe, die dem Leben Raum schaffen. Der wieder zum Leben erweckte Lazarus wird wieder sterben. Es ist kein Sieg über den Tod, keine Auferstehung. Was geschieht, ist eine liebevolle Wendung zum Sterblichen. Jesus geht ein auf die Not, er teilt den Schmerz. Er schenkt dem Lazarus das Leben wieder und zeigt damit, dass es jenseits des Todes etwas zu entdecken gibt. Jenseits des Todes gewinnt die Liebe eine andere Bedeutung, ein höheres Gewicht. Durch die kleinen Tode des Lebens hindurch gibt sie sich zu erkennen. Sie wächst in ihre wahre Gestalt hinein. Das ist auch in dem Kopf des Kunsthistorischen Museums zu sehen.

Vielleicht ist es auch viel besser, keinen endgültigen Sieg, keinen strahlenden Triumph über die Unerbittlichkeit des Todes erringen zu wollen. Alle „Endlösungen" haben unzählige Opfer gefordert. Mir scheint es besser, im Vorläufigen zu bleiben. Das ist der dem Geschaffenen zustehende Ort. Die Kälte ist spürbar. Die Zeit vergeht. Die Not ist unabwendbar. Zugleich aber ist die Sonne da, Güte, Aufmerksamkeit, Schönheit. All das ist nur vorübergehend. Von den kleinen Toden eines jeden Lebens wird es immer wieder in Frage gestellt. Doch wer daran festhält, wer all das bewahrt in ein Jenseits dieser Tode hinein, der wird feststellen, dass sie immer klarer Gestalt annehmen, dass sie immer deutlicher die Erscheinung der eigenen Gestalt prägen.

Vor langer Zeit war in der *Neuen Zürcher Zeitung* ein Beitrag von Bruno Hitz zu lesen: *Wieder scheitern. Besser*

scheitern" Zu einem Motiv bei Samuel Beckett (13./14. März 1999, 53,54). Hitz, damals Dramaturg am Schauspielhaus Zürich, weist auf die äußerst heftigen Reaktionen hin, die Becketts Stück *Warten auf Godot* in den 50er- und 60er-Jahren hervorgerufen hat. „An der Debatte fällt etwas Merkwürdiges auf: Der Gegensatz der Positionen verdeckte eine zugrundeliegende Gemeinsamkeit. Die Antipoden nämlich trafen sich in der Überzeugung, Becketts Dichtung kreise in ihrem Kern um die Absurdität, ‚die Sinnlosigkeit des Daseins' (Anders). Sinnlosigkeit, das war die Zauberformel, das Etikett, das Verfechter wie Verächter von Becketts Arbeiten verband."
Hitz zeigt, dass es auch andere Möglichkeiten gibt, die Dichtungen Becketts zu deuten. Vor allem sei diese Arbeit nicht als Beleg für die Endgültigkeit einer Ansicht zu missbrauchen. Weder Sinn noch Unsinn des Lebens werden behauptet. Alles Endgültige sei Beckett völlig fremd gewesen. Die Wiederholung spielt bei ihm eine entscheidende Rolle. Bei allem Misslingen, bei allem Scheitern gibt es auch Momente der Erfüllung, des Gelingens. Aber nie ist es endgültig. Entscheidend ist es, nicht aufzugeben. Hitz zitiert Beckett: „The key word in my plays is ‚perhaps'." Und fügt hinzu: „In diesem ‚Vielleicht' steckt die Weigerung, sich in einem Absoluten, in einer ultimativen Gewissheit zu fundieren. ... Das Scheitern – das Versagen des Bewusstseins, des Blicks und des Wortes – wird von Beckett in die innerste Bewegung des Werks und des Lebens hineingezogen, hineinverwickelt. ‚Im Zittern sich dem nicht zu Meisternden aussetzen.' Darin liegt nichts von der zynisch-fatalistischen Gemütsruhe

des ‚Es ist ja ohnehin alles sinnlos'. Sondern eine äußerste, nie stillgelegte Beunruhigung." Die Beobachtungen von Bruno Hitz zu Beckett haben mich dessen Werke anders wahrnehmen gelehrt. Es steckt in ihnen etwas von dem wärmenden Strahl der Frühlingssonne. Aus ihnen schaut mich auch das ernste Antlitz aus dem 3. Jahrhundert vor Christus an. Sie erinnern mich auch an die liebevolle Vergeblichkeit des Handelns Jesu. In all dem ist etwas, das mich mit tiefem Dank erfüllt. Es hat mit der Treue zum Leben zu tun. Mit der Ahnung, dass mich im Unerbittlichen und Kalten auch die Zuwendung der Liebe erreicht. Mit der Einsicht, dass es ein Jenseits des Todes, ein Jenseits des Scheiterns gibt. Und mag es auch bloß heißen: „besser scheitern". Es ist schon genug, um den nächsten Schritt zu tun.

Zum Staunen

„Ausruf, staunend mit gesteigertem Verlangen, indem ich alle Geschöpfe durchgehe, wie sie mich am Leben gelassen und darin erhalten haben:
die Engel, da sie doch Schwert der göttlichen Gerechtigkeit sind, wie sie mich ertragen und bewahrt und für mich gebetet haben;
die Heiligen, wie sie bedacht waren, für mich einzutreten und zu beten;
und die Himmel, Sonne, Mond, Sterne und Elemente, Früchte, Vögel, Fische und Tiere;
und die Erde, wie sie sich nicht aufgetan hat, um mich zu verschlingen, indem sie neue Höllen schafft, um für immer in ihnen zu quälen." (Ignatius von Loyola, *Geistliche Übungen, Nr. 60*)
Die erste Woche der *Geistlichen Übungen* des Ignatius von Loyola ist einer Betrachtung der Sünden gewidmet. Doch nicht nur das. Ignatius lässt den Betrachtenden ahnen, dass es mit ihm ganz anders hätte kommen können. Dass sein Leben und sein Zustand alles andere als selbstverständlich sind. Nicht er hat sein Leben gemeistert. Nicht er hat sein Leben verdient, sondern andere haben ihn am Leben gelassen, andere haben ihn im Leben erhalten. Die Sprache ist die der ersten Hälfte des 16. Jahrhunderts. Was aber hier gesagt wird, hat heute wie damals Bedeutung. Vielleicht ist der Ausruf des Staunens, dass ich nicht untergegangen bin, heute noch viel angemessener als jemals zuvor.

Aber wer staunt? Wer staunt darüber, dass nach dem Grauen des Nationalsozialismus, nach millionenfachem Mord ein Leben in Deutschland und Österreich noch möglich war? Wer staunt darüber, dass ein neuer Anfang geschenkt wurde? Gleiches gilt für die ehemals kommunistischen Länder. Wenn ich bedenke, wie in den vergangenen Jahrzehnten mit der Erde umgegangen worden ist, in welchem Ausmaß weite Räume verwüstet wurden, dann staune ich darüber, dass sich die Erde nicht aufgetan hat. Dass nicht schon längst viel schlimmere Katastrophen hereingebrochen sind, als es sie ohnedies schon gibt. Wer staunt darüber, dass uns die Erde noch trägt? Und wer ist dankbar dafür?

Die Einsicht, dass nicht ich mir das Leben gebe, sondern dass es mir von anderen gegeben wird, ändert alles. Würde ich immer das erhalten, was ich auf Grund meiner Taten verdient habe, wer weiß, wie es um mich stünde. Was ich bin und wie es mir geht, ist aber nicht das Ergebnis meines souveränen Handelns. Ich habe es dem Mitwirken vieler anderer zu verdanken. Hier von Verdienst zu sprechen, wäre sehr vermessen. Wenn ich nüchtern auf mein Leben schaue weiß ich, dass ich es nicht verdient habe. Es ist mir als ein Geschenk zugefallen. Ich habe mitgewirkt, mich anvertraut, habe mich auch bemüht. Aber was aus mir geworden ist, ist weitgehend dem Entgegenkommen anderer zu verdanken. Ich kann ihnen nicht genug danken.

Es ist nicht nötig, gleich an Gott, die Engel und die Heiligen zu denken. In mir wirkt das Leben vieler Menschen nach, die vor mir gelebt haben, die ich gar nicht unmittelbar kennenlernen konnte. In mir leben die Menschen meiner Umgebung, Eltern, Geschwister, Freunde und Gegner, Lehrer, die gehassten und die geliebten Menschen. Zu meinem Leben gehören auch Tiere, Pflanzen und Dinge. Und es gehört etwas dazu, das schwer zu benennen ist. Es sind gute und böse Geister um mich bemüht. Das lässt sich in jeder Gemeinschaft beobachten, in jedem Raum erspüren. Es gibt Menschen, deren Strahlkraft von entscheidender Bedeutung war. Es gibt in all dem ein ständiges Bemühen um mich, etwas, das mich trägt, um mich wirbt, dessen Nähe mir Halt gibt.

Es ist schwer, von Gott zu sprechen. Die Bibel zeigt, wie das Wirken Gottes in vielfältigen Ereignissen von Natur und Geschichte zu erfahren ist. Sie zeigt, wie dieses Wirken auf die Bereicherung meines Lebens gerichtet ist, auf größere Freiheit, auf die Entfaltung meiner wahren Gestalt. Sie zeigt auch, dass die Entfaltung meines Lebens nur in der Beziehung zu anderen geschehen kann, da Gott in sich selbst Beziehung ist.

In einem Bericht über den Tsunami, der am 11. März 2011 weite Bereiche Japans zerstörte, war in der *Neuen Zürcher Zeitung* die Geschichte des Fischers Yoshikawa Kouichi zu lesen. Er war der alten Weisheit der Fischer gefolgt, die ihn sein Vater gelehrt hatte. Ganz gegen alle Neigung solle er nicht den Hügel hinauflaufen, sondern mit seinem Fischerboot auf das offene Meer hinausfahren. Kouichi hatte große Angst, als er sich in sein Boot setzte. „Er kam schneller voran als sonst, weil der herannahende Tsunami vor seinem finalen Sichaufbäumen das Wasser an der Küste wegsaugt. Mit dieser Strömung gelangte Kouichi schon bald aus der Bucht und wartete gebannt, was da kommen würde. Es kam nichts. Kouichi war mittendrin und hat den Tohoku-Tsunami nicht gesehen. Die gewaltige Wassermasse hatte unmerklich sein Boot auf die Höhe des Meeresspiegels gehoben und sich unter ihm vorbeigeschoben." (Marcel Gyr, *Neue Zürcher Zeitung*, 7. April 2011, 6)

„Wenn der Tsunami kommt, musst du ihm entgegenfahren", verlangt die jahrhundertealte Weisheit der Fischer. „Das Wasser, welches das Boot trägt, ist dasselbe, das es auch verschlingt." Der alte chinesische Spruch von Xun Zi weist darauf hin, dass Leben immer in der Schwebe ist. Es wird getragen, doch bleibt das Tragende verborgen. Die ungeheure Macht des Meeres konnte Kouichi in seinem Boot nicht wahrnehmen. Er hat sich dem Meer anvertraut, und das Meer hat ihn getragen. Schrecklich bleibt die Geschichte doch. Wie empfindet der Überlebende einer solchen Katastrophe? Die Opfer waren nicht schuldiger als die Überlebenden. Überleben ist nicht Beweis für die Freiheit von Schuld.

Die *Geistlichen Übungen* des Ignatius führen an ihrem Beginn zu einem großen Staunen. Es ist das Staunen darüber, dass ich am Leben bin. Durch meine Taten hätte ich anderes verdient, doch ich lebe. Himmel und Erde, Engel und Welt haben mich am Leben erhalten. Gott ist es, der sich in all dem um mich bemüht. Ich sehe die Not der Menschen um mich herum. Ich weiß, ich bin nicht besser als sie. Und sie sind nicht schlechter als ich. Doch ich werde getragen, wie sie getragen werden. Ist das nicht Grund genug, dankbar zu sein?

Die Einsicht, dass nicht ich die Welt zu ertragen habe, sondern dass die Welt mich erträgt, kann auch im Umgang mit dieser Welt einiges ändern. Da ich mein Leben dem Wirken von Menschen, von Tieren, von Pflanzen und Dingen zu verdanken habe, könnte ich mich ihnen gegenüber doch erkenntlich zeigen. Ich kann meinem Dank Ausdruck verleihen in einem sorgfältigen Umgang mit ihnen. Und ich kann meinen Dank gegen Gott darin zum Ausdruck bringen, dass ich seiner Schöpfung mit Aufmerksamkeit begegne.

Opfer

Der letzte Film von Andrej Tarkowskij heißt *Opfer*. Er erzählt von Alexander, einem berühmten Schauspieler, der Gott in einem Gebet verspricht, alles aufzugeben, wenn eine die Welt bedrohende atomare Katastrophe abgewandt wird. Am Morgen nach dem Gelübde ist alles friedlich und wie immer, der Krieg scheint abgewendet. Alexander aber zündet sein Haus an und verlässt seine entsetzte Familie. Er schweigt für immer. In wunderschön poetischen Bildern weist der Film auf einen der europäischen Kultur drohenden Verlust hin. In ihr ist nämlich der Sinn für das Wunderbare, für die uneigennützige Hingabe vielfach verschwunden. Der Sinn eines Opfers wird weitgehend nicht mehr erkannt. Im Film selber bleibt die Antwort offen. Verschiedene Sichtweisen sind möglich. Alexander kann als Verrückter betrachtet werden oder als ein heiliger Narr. Sein Tun kann als weise in einem hohen Sinn angesehen werden oder als die Tat eines Kranken, der den Bezug zur Wirklichkeit völlig verloren hat.

Andrej Tarkowskij hat *Opfer* als seinen wichtigsten Film bezeichnet. Ein halbes Jahr nach der Uraufführung ist der große russische Filmemacher am 29. Dezember 1986 im Pariser Exil gestorben. Kurz vor seinem Tod schreibt Tarkowskij in einem Aufsatz über den Film: „Entweder lebt man das Dasein eines von technologischen und sonstigen materiellen Entwicklungen abhängigen, dem vermeintlichen Fortschritt blind ergebenen Konsumenten, oder aber man findet zurück zu geistiger Verantwortlichkeit, die dann allerdings nicht nur für einen selbst zu gelten hätte, sondern auch für andere. Genau hier, im bewussten Schritt in die Verantwortung für die Gesellschaft und für das, was in und mit ihr geschieht, ist das möglich, was wir gemeinhin Opfer nennen, die Verwirklichung der christlichen Vorstellung vom Sich-selbst-zum-Opfer-Bringen. Strenggenommen und in letzter Konsequenz bedeutet dies, dass ein Mensch, der zumindest nicht in bescheidenem Maße die Fähigkeit in sich spürt, sich selbst um eines anderen oder einer Sache willen zu opfern, aufgehört hat, Mensch zu sein. Er ist im Begriff, sein Leben gegen die Existenz eines mechanisch funktionierenden Roboters zu tauschen." (Andrej Tarkowskij, *Opfer*, 178)

Das Opfer genießt heute kein großes Ansehen. Es ist in Verruf geraten. Selbstquälerei, Verweigerung dem Leben gegenüber, Weltfremdheit und Gewaltbereitschaft werden mit Opfer in Verbindung gebracht. Oder es wird als eine Art Handel gedeutet. Jemand verzichtet auf etwas um einer Belohnung willen. Oder, noch schlimmer, jene Opfer, die von Mächtigen gefordert werden, um ihre Verfügung über die Schwächeren zu zeigen. Das Opfer hat einen denkbar schlechten Ruf.

Aber vielleicht ist hier doch etwas zu entdecken. Warum hat das Opfer im Judentum wie im Christentum eine so große Bedeutung? Sind das alles bloß längst überholte Verhaltensmuster, Reste einer blutrünstigen und gewaltbereiten Vergangenheit, die sich in den Religionen bewahrt haben? Das kann so gesehen werden. Allerdings ist damit nicht das ganze Phänomen erfasst. Ich entkomme nämlich dem Opfer auch im alltäglichen Leben keineswegs. Entweder bin ich selber zum Opfer bereit, oder ich mache andere zu Opfern. Entweder stelle ich mich auf die Seite der Schwachen, oder ich übe auf der Seite der Starken die Herrschaft über die Schwächeren aus. Das Opfer prägt die gegenwärtige Kultur Europas vor allem in der zweiten Form. Andere werden von den Überlegenen zu Opfern gemacht. Diese Anderen sind die Natur, Pflanzen, Tiere, aber auch Menschen. Das Opfern anderer lohnt sich, zumindest kurzfristig. Der Stärkere bemächtigt sich der Güter des Anderen.

Lohnt es sich auch, sich selbst zum Opfer zu bringen? Hat es sich für jene gelohnt, die im Widerstand gegen die totalitären Regime des vergangenen Jahrhunderts ihr Leben verloren haben? Lohnt es sich für jene Menschen, die aus innerer Überzeugung handeln und für ihren Glauben sterben? In einem vordergründigen Sinn hat es sich nicht gelohnt. Wären sie am Leben geblieben, hätten sie hohe Ämter bekleiden, Karriere machen können. Hätten sie ihren Sinn für Gerechtigkeit, ihr Verantwortungsbewusstsein, ihre Treue zu Gott und ihre Anerkennung auch des Fremden, des Anderen nicht öffentlich gelebt, sie hätten noch viele Jahre gehabt. Geändert hat sich durch ihr Handeln doch so gut wie nichts. Also wozu das Opfer?

Aber lohnt sich das Leben bloß, um alt zu werden und möglichst viel zu konsumieren? Das Handeln derer, die ihr Leben für ihre Überzeugung hingegeben haben, ohne dabei wieder andere zu Opfern zu machen, mag vergeblich erscheinen. Aber in ihm leuchtet etwas auf. Es zeigt sich, dass ein jeder zu einer ursprünglichen schöpferischen Tat fähig ist. Keiner ist bloß das Opfer seiner Umgebung, keiner ist bloß das Ergebnis dessen, was äußere Umstände aus ihm gemacht haben. Gerade so ist er brauchbares Material für alle Systeme, die sich des Menschen bemächtigen wollen.

Aber er muss es nicht sein. Er kann anders handeln, von der eigenen Freiheit Gebrauch machen. „Sich selbst zum Opfer bringen" bedeutet nicht gleich den Tod im physischen Sinn. Es bedeutet jedoch sicherlich einen Tod im übertragenen Sinn. Den Verzicht auf viele Annehmlichkeiten, die das stumme Einverständnis mit einer gängigen Meinung bringt. Den Verzicht auf die wohlfeile Sicherheit, welche die Übereinstimmung mit einem herrschenden System für einen bereit hält. Den Verzicht auf die Gemütlichkeit der stillschweigenden Übereinstimmung mit dem, was eine Masse für richtig hält. „Sich selbst zu opfern" bedeutet auch, sich selbst gegenüber kritisch zu bleiben und den Anderen mit gesammelter Aufmerksamkeit zu begegnen. Es bedeutet, die eigenen vier Wände, diese Welt selbst gebauter Selbstverständlichkeiten, zu verlassen und hinauszugehen, auf andere zuzugehen und mit ihren Augen, ihren Sinnen wahrnehmen zu lernen. „Sich selbst zu opfern" bedeutet daher, das eigene Leben in Verbindung mit dem der Anderen zu leben, das eigene Wohl abhängig zu machen vom Wohl der Anderen. Es bedeutet, immer wieder zu sagen: Ich will nicht ohne dich leben – nicht ohne diese anderen Menschen, nicht ohne diese Tiere, diese Pflanzen,

diese Welt. Ursprung und Erfüllung findet diese Haltung im Glauben an einen Gott, der sich dieser Welt annimmt, sich um sie bemüht, nicht ohne sie sein will und bereit ist, sich für diese Welt sogar hinzugeben.
Die europäische Kultur bezieht ihre tiefste Kraft von jenen Menschen, die bereit sind, sich selbst zu opfern. Mit dem Blick auf das vergangene Jahrhundert: Was wäre unsere Gegenwart ohne diese Menschen? Jede Tiefe, jedes Abenteuer, jede Spannung würden ihr fehlen. Die Haltung dieser Menschen strahlt aus in alle Bereiche, die ohne Hingabe, ohne Eigennutz, ohne brennende Begeisterung gar nicht möglich wären. Alle Bereiche des Lebens, die nicht von dieser Haltung getragen werden, verkommen zu routinierten mechanischen Abläufen, zur „Existenz eines mechanisch funktionierenden Roboters", wie Tarkowskij das genannt hat. Die Gefahr ist heute größer als je zuvor. Aber auch die Freiheit zu einer anderen Haltung ist heute größer als je zuvor. Ich kann den Menschen nicht genug danken, die von dieser Freiheit Gebrauch machen. Ich will selber einer von ihnen sein, weil ich weiß, es ist lohnend, sich selbst zu opfern. Ich gebe den Baugrund für ein Einfamilienhaus auf, um ein Königreich zu gewinnen.

Unaufhörlich

Auf einer Felsklippe am Fuß der Salzburger Festung liegt das Kloster Nonnberg. Die Benediktinerinnen beten dort seit 1300 Jahren. Nie wurde das Kloster aufgehoben. Nie wurde das gemeinsame Leben der Frauen unterbrochen. Als die Nationalsozialisten die Gemeinschaft auflösen und das Bauwerk beschlagnahmen wollten, führten die klugen Frauen die zur Begutachtung gesandten Funktionäre der Partei durch das Kloster. Sie wiesen auf die äußerst mangelhafte Heizmöglichkeit hin, auf die fehlenden sanitären Einrichtungen, sie ließen die Härte des Lebens in diesen Mauern ahnen und konnten bleiben. Man nahm Abstand von einer Enteignung. Mit diesem Ding war nichts anzufangen.

Doch, es war hier etwas anzufangen. Durch 1300 Jahre wurde hier immer wieder etwas angefangen. Täglich neu das gemeinsame Leben, täglich neu das Gebet. Ich habe es erlebt. Jahrelang durfte ich an der Morgenmesse und dem anschließenden Stundengebet der Frauen teilnehmen. Ich habe ja direkt über dem Kloster in der Festung gewohnt. Wir waren Nachbarn. Später habe ich meine Primiz, die erste Messe eines eben geweihten Priesters, in der Kirche des Klosters mit den Nonnen und Verwandten und Freunden gefeiert. Mir ist dieser Ort sehr lieb geworden, auch wenn ich jetzt kaum noch dorthin komme. Ich bin dankbar, dass es ihn gibt, einen Ort, an dem seit 1300 Jahren ohne Unterbrechung gebetet wird. Nicht weit vom Nonnberg liegt im Schatten des Mönchs-

bergs das Kloster St. Peter. Ein Abt dieses Benediktinerklosters hatte im 13. Jahrhundert einen Traum. Solange ein Licht beim Grab des hl. Rupertus in der Kirche brenne, solange werde Salzburg bestehen bleiben. Seit damals brennt ein Licht am Grab des Heiligen. In der Aufklärung, als für solche Bräuche weniger Verständnis herrschte, wurde das Licht in einem geheimen Tabernakel ein Stockwerk über dem Grab aufbewahrt. Als das Kloster von den Nationalsozialisten aufgehoben worden war, kamen die Mönche regelmäßig vorbei und versorgten das Öllicht. Seit beinahe achthundert Jahren brennt das Licht ohne Unterbrechung. Mir gibt es einen Sinn für Beständigkeit, für die Gegenwart eines Uralten im ganz Neuen.

Von Dingen dieser Art ließe sich viel erzählen. Die Erfahrung der langen Zeit des stillen Lagerns und Reifens beim Genießen eines alten Weins. Die Ehrfurcht vor einem Geigenspiel, dessen Schönheit und Zauber erst durch lange Jahre des Übens zur Entfaltung kommen konnte, Jahre, die im Spiel mitschwingen, geheim gegenwärtig sind. Das Staunen vor einer Keramik, deren Gestalt eine Meisterschaft erahnen lässt, die in Jahren und Jahren des Umgangs mit dem Ton gewachsen ist. Die Sprachlosigkeit vor Kunstwerken, deren Formen und Farben die Mühen eines ganzen Lebens beinhalten und ein Können vor Augen führen, das die Materie zum Blühen bringt, wunderbare Gegenwart des Unfassbaren. Oder die Tätigkeit eines Handwerkers, dessen Umgang mit Metall und Holz von einem tiefen Wissen um die Dinge getragen wird.

Alles das gibt es auch heute noch. Die hastige Gegenwart verbirgt einen tiefen Strom. Würde sie nicht von ihm getragen, wäre er nicht verborgen im Hintergrund, hätte all das geschäftige Treiben keinen Halt. Es müssen nicht viele sein, die ununterbrochen beten. Es genügen wenige, die um die Geheimnisse der Dinge wissen. Aber sie sind notwendig, damit all die anderen in ihrem regen Treiben nicht den Boden unter den Füßen verlieren. Allzu schnell könnte es einem einfallen, besonders zu sein. Und schon entstehen die schönsten Luftschlösser, die Lieblingsbauwerke der Gegenwart. Was aber das Besondere ist, das Außerordentliche und schließlich Atemberaubende, das zeigt sich in der langen und geduldigen Mühe um die Dinge dieser Welt. Das Sprechen der immer gleichen Gebete durch Jahrhunderte, das nie unterbrochene Üben mit einer Geige, das lebenslang ausgehaltene Formen von Gefäßen, das Wiederholen des immer Gleichen auf immer wieder andere Weise im Werk einer Künstlerin, in all dem lebt ein Tun, das in der Hinwendung zur Welt ihre Schönheit zur Erscheinung zu bringen sucht.

Die Frage ist, ob mich das alles noch anspricht. Oder sind die Nonnen vom Nonnberg und die Mönche von St. Peter gemeinsam mit den Riesenschildkröten auf den Galapagos-Inseln fremdartige Überbleibsel einer fernen Frühzeit? Oder sind das Spiel des Geigers, das Gefäß des Keramikers, die Dienste des Handwerkers und die Erzeugnisse der Künstlerinnen und Künstler nur etwas, dessen ich mich bediene, jetzt, für den Moment, zur eiligen Befriedigung eines Bedürfnisses, zur Zerstreuung, zur schnellen Behebung eines Mangels? Es könnte ja sein, dass mich die Hintergründe des Tuns dieser Menschen, die Abgründe jahrelangen mühsamen Suchens, ständiger Übung am Rand des Scheiterns, dass mich das alles gar nicht interessiert.

Der große Michelangelo Buonarotti wollte nicht, dass die Mühen der Arbeit im fertigen Werk zu erkennen seien. Er hat Entwürfe und Skizzen, die den mühsamen Prozess erkennen ließen, vernichtet. Und doch: Wer auch nur eine kleine Ahnung von seiner Kunst bekommen will, muss Stunden um Stunden mit seinen Werken verbringen, ein schnelles Hinsehen genügt nicht. Die Mühen des Betrachtens stehen in einem Verhältnis zu den Mühen der Entstehung eines Werks. Denn entstehen muss das Werk auch in den Augen, in den Sinnen des Betrachters. Es muss in seinem Bewusstsein Gestalt annehmen, sonst bleibt es ihm fremd. So, wie einem flüchtigen Betrachter Klosterfrauen und Galapagos-Schildkröten gleich fremd bleiben.

Für jene Menschen, die meinen Sinn für die Tiefe eines Handelns geschult haben, bin ich sehr dankbar. Dazu gehören auch meine Mitbrüder in der Gesellschaft Jesu. Sie haben mich eine lebendige Tradition gelehrt, die fünfhundert Jahre alt ist. Was wir tun, steht in dieser Tradition, wird von ihr getragen, hat in ihr seine Tiefe und Beständigkeit. Eine persönliche Liebe zu Jesus ist hier durch Jahrhunderte gepflegt worden, das Suchen und Finden Gottes in allen Dingen. Es hat Triumphe gegeben und Katastrophen, Siege und Scheitern, und vielleicht ist das Scheitern wichtiger für uns gewesen als die Erfolge.

Aber in allem klingt ein durch die Jahrhunderte nie abgerissener Cantus firmus.
Ähnliches lässt sich in vielen Bereichen unserer Welt finden. Wer einmal gelernt hat, auf jene Klänge zu hören, die vom augenblicklichen Geschehen meist übertönt werden, wird entdecken, dass vieles nur möglich ist, weil es von langer Übung, von Jahrzehnten und Jahrhunderten der Tradition, von unentwegtem Suchen und Bemühen getragen ist. Michelangelo hatte schon recht: all das soll sich nicht in den Vordergrund drängen. Aber dass es da ist, im Hintergrund, das gibt dem Leben und der Welt eine Tiefe, ohne die der Vordergrund seinen Glanz und Zauber einbüßen würde.

Was mich am Glauben fasziniert

Kürzlich habe ich einen Aufsatz von Willibald Sandler gelesen, *Wozu ist Jesus gestorben?* Das Ergebnis der weit ausgreifenden Untersuchung fasst er schließlich in der Antwort an ein Kind zusammen, „das auf ein Kruzifix zeigt und fragt, warum dieser blutende Mann dort hängt": „Das ist Jesus, der Sohn Gottes. Er hat das Schlimmste, das wir uns vorstellen können, in großer Liebe ertragen. Und weil er das getan hat, gibt es nichts mehr auf der Welt, von dem wir uns wirklich fürchten müssen." Ich würde das Gleiche ein bisschen anders sagen: Er ist am Kreuz gestorben, damit wir immer und überall, selbst im Dunkel des Sterbens, in letzter Not die Nähe und die Liebe Gottes erfahren können.

Diese Möglichkeit der Nähe Gottes auch am scheinbar gottfernsten Ort hat für mich etwas Wunderbares. Eine erstaunliche Schönheit ist in ihr zu entdecken, etwas, das mich mit großer Dankbarkeit erfüllt. Als Glaubender muss ich nicht in sakrale Bezirke eingehen, ich muss mich nicht an ausgewählten Orten aufhalten oder in ganz besonderen Verhältnissen leben, um in der Nähe Gottes zu sein. Ich muss mich nicht mit erlesenen Gegenständen umgeben, eine nur wenigen zugängliche Kultur behüten und mich in anspruchsvollen Ritualen üben. Als Glaubender kann ich Gott überall finden, auch in den Randzonen des Lebens, auch im Unscheinbaren und Vernachlässigten, auch im gering Geschätzten und Verachteten. Was mich am christlichen Glauben fasziniert, ist seine Fähigkeit, alles in Schönheit zu verwandeln. Es ist eine ungeheure kreative Kraft in diesem Glauben.

Seit ich sie kenne, hat mir eine der vielen Geschichten, die über Franz von Assisi erzählt werden, besonders gefallen. Franz sei einmal auf einer staubigen Landstraße unterwegs gewesen. Zwei dürre Äste liegen am Wegrand. Franz hebt sie auf, klemmt den einen wie eine Geige ans Kinn und führt den anderen wie einen Bogen. Springend und singend setzt er den Weg fort. Franz von Assisi besaß die Gabe, aus fast nichts Wundergebilde entstehen zu lassen. Seine Dichtung in einfachen Worten, der Sonnengesang, zählt zu den Schönheiten der Weltliteratur. Und hier hebt er in der Gluthitze des Sommers zwei Stecken aus dem Staub des Weges auf und verwandelt die Welt in Musik.

Diese Fähigkeit zur Verwandlung und der Glaube an Jesus Christus haben etwas miteinander zu tun. Sie stehen zueinander in einer innigen Beziehung. Jesus hat sich mit seiner Botschaft ganz besonders den Armen zugewandt. Ihnen hat er das Reich Gottes verkündet. Seine Sprache war einfach, und in den Gleichnissen ist fast ausschließlich von einfachen, unscheinbaren Dingen die Rede. Vieles aus der Alltagserfahrung wird zum Bild eines geheimnisvoll gegenwärtigen Gottesreiches. Die Menschen der nächsten Umgebung Jesu gehörten nicht zu den gehobenen Ständen und es waren auffallend viele Frauen unter ihnen. Im 1. Brief an die Korinther schreibt Paulus: „Seht doch auf eure Berufung, Brüder! Da sind nicht viele Weise im irdischen Sinn, nicht viele Mächtige,

nicht viele Vornehme, sondern das Törichte in der Welt hat Gott erwählt, um die Weisen zuschanden zu machen, und das Schwache in der Welt hat Gott erwählt, um das Starke zuschanden zu machen. Und das Niedrige in der Welt und das Verachtete hat Gott erwählt: das, was nichts ist, um das, was etwas ist, zu vernichten, damit kein Mensch sich rühmen kann vor Gott." (1 Kor 1,26-29) Was mich am Glauben fasziniert ist die Möglichkeit, im Verachteten und Niedrigen, in dem, was nichts ist, etwas Großes und Wunderbares zu entdecken. Dort, wo alles vorbei und am Ende scheint, zeigt sich der Anfang einer neuen Schöpfung, leuchtet eine unfassbare Schönheit und Würde auf. Das lässt sich erfahren. Es ist für den, der die Welt mit den Augen des Glaubens zu betrachten weiß, Wirklichkeit, erlebbare Gegenwart.
Erstaunlich ist für mich, dass sich in der Kunst des 20. Jahrhunderts etwas Ähnliches beobachten lässt. Dinge, die früher als nicht bildwürdig betrachtet wurden oder nur am Rand der großen Geschichten Beachtung fanden, treten nun in den Mittelpunkt. Das Unscheinbare und Verachtete wird mit großer Sorgfalt behandelt. Bilder und Skulpturen werden aus dem geformt, was früher als Abfall verworfen oder gar nicht beachtet wurde. Um 1920 hat Kurt Schwitters begonnen, seine Märzbilder aus Abfall zu formen. Er verwendete Blech, Holzteile, bedrucktes Papier, Wortfetzen, Buchstaben und Farbflächen, alles Dinge, die wertlos und unansehnlich schienen, und macht aus ihnen Bilder von großer Poesie und Schönheit. Ähnlich baute er in seinem Haus in Hannover am Märzbau, einer großen begehbaren Skulptur,

einer Raumschöpfung, die er auch die Kathedrale des erotischen Elends nannte. Von den Besuchern waren die einen völlig hingerissen und ergriffen, die anderen empört und ablehnend.

In der Malerei brachte das 20. Jahrhundert eine äußerste Reduktion der Mittel. Das konnte bis zu einfarbigen Bildern gehen. Lucio Fontana durchlöcherte die monochrome Bildfläche oder schnitt sie auf. Agnes Martin zieht mit der Hand parallele Linien. In der Skulptur entstanden ganz einfache Gebilde, weit weg von der Herrlichkeit früherer Figurengruppen oder der genialischen Kraft von Künstlern des 19. Jahrhunderts. Constantin Brancusi oder später Alberto Giacometti in Paris. In Österreich Fritz Wotruba, Joannis Avramidis oder Karl Prantl. Der leidende, missachtete, gequälte Mensch wurde wie nie zuvor zum Thema der Malerei. Das Lebenswerk von Käthe Kollwitz, Georges Rouault, Francis Bacon oder Pier Paolo Pasolini ist davon geprägt. Es gab Künstlerinnen und Künstler, die sich dem Unscheinbaren und Einfachen in Menschen und Dingen zuwandten, Paula Moderson-Becker oder Giuseppe Morandi. Und es gab Künstlerinnen und Künstler, die ferne Randzonen des Lebens erkundeten, wo das Unheimliche und Bedrohliche zugleich mit dem Vertrauten und Bergenden da ist, wo kein rechter Halt zu finden ist und etwas wie ein Schweben erfahren werden kann, getragen von etwas Unfassbarem: Marcel Duchamp, Louise Bourgeois.

Vieles ließe sich noch erzählen. Was mich all dem gegenüber erstaunt und mit großer Dankbarkeit erfüllt ist, dass jenes Jahrhundert, das wie vielleicht kein anderes geprägt war von Leid, Grauen, Not und Tod, etwas ganz Besonderes hervorgebracht hat. Etwas, das es in dieser Form nie zuvor gegeben hat: einen feinen Sinn für Schönheit und Würde des Menschen auch in der größten Not, der schrecklichsten Ausgeliefertheit; und ein Gespür für die Schönheit und den Zauber des ganz Einfachen, Unbeachteten in der Natur und unter den Dingen.

Für die Christen ist es eine große und wichtige Aufgabe, dieses Erbe mit Dankbarkeit zu pflegen. Denn wer, wenn nicht sie, kann verstehen, dass hier ein kostbarer Schatz verborgen liegt. Selbst wenn diese Kunst nicht aus dem christlichen Glauben entstanden ist, braucht sie, um in ihrer Tiefe und Bedeutung erkannt zu werden und für das Leben auch in Zukunft fruchtbar zu sein, Menschen, die sie mit den Augen des Glaubens betrachten. Menschen, die dankbar erkennen: Mit dürren Ästen lässt sich auch heute wunderbare Musik machen.

Im Jenseits

Der bisher letzte Film von Clint Eastwood heißt *Hereafter*. Er ist dem Jenseits gewidmet, besser gesagt drei Menschen, denen sich die Frage nach dem Jenseits intensiv stellt. Verständlich, dass jemand wie Clint Eastwood, nach vielen Toden auf der Leinwand und mit über achtzig Lebensjahren, auch ein heftiges Interesse an der Frage entwickelt, wie es nach dem Tod weitergeht. Und ob es überhaupt weitergeht. Aber geht es weiter? Kann es einfach so weitergehen, als ob nichts gewesen wäre? Ein kurzer Rumpler, als wäre der Wagen über ein Schlagloch gefahren, und schon geht's weiter. So ist es sicher nicht. Das wird auch im Film deutlich gemacht. Doch über das Jenseits ist wenig zu erfahren, sehr vage Vorstellungen von Helle und Weite und Geschichten von Schuld und Vergebung, die wiederum sehr diesseitig wirken. Keine Beschreibung von Engeln auf Wolken, mit Harfen in Händen, von friedlichen Tieren und himmlischen Heerscharen, kein Feuer, Heulen und Zähneknirschen, auch keine Gotteserscheinung in unvorstellbarem Glanz. Ein wenig enttäuschend, ernüchternd. Aber der Film zeigt etwas anderes, fast verlegen, als wäre die bescheidene Ausbeute peinlich. Er zeigt ein Jenseits hier in diesem Leben.

Ich kann erfahren, dass alles zu Ende scheint. Was bisher wichtig war, hat seinen Wert verloren. Wo bisher Boden unter den Füßen war, droht ein Abgrund. Wo Sinn und Freude zu erfahren waren, tut sich nun Leere auf. Das alles habe ich erfahren, durch Jahre. In all dem habe ich aber zugleich auch erfahren, dass es ein Jenseits dieses Endes gibt. Das Jenseits des Todes gibt es, nicht erst irgendwo nach dem physischen Ende, sondern bereits hier in dieser Welt, im Diesseits. Ich habe das erfahren, und viele erfahren es. Ja ich denke, dass jeder Mensch diese Erfahrung macht. Es gibt viele kleine Tode, wenn etwas Vertrautes zu Ende geht und das Neue noch nicht Gestalt angenommen hat. Die Geburt, die Pubertät, der Übergang ins Erwachsenenalter, später dann in die Pension oder ins Greisenalter können als Passagen verstanden werden, genauso wie Erfahrungen des Scheiterns, der Angst, des Ausgeliefertseins. In all diesen Situationen ist etwas Ähnliches zu erfahren. Was bisher getragen hat und vertraut war, kommt an ein Ende, und die eigenen Kräfte reichen nicht für etwas Neues, sie sind erschöpft oder zu gering. Ich bin auf Hilfe angewiesen. Jemand oder etwas muss mir zu Hilfe kommen, sonst ist es aus.

Ein Schauspieler steht hinter den Kulissen und weiß, nun muss er hinaus. Vor Lampenfieber ist ihm schwarz vor den Augen. Er geht, als wär's in den Tod – und wird getragen. Jemand engagiert sich im Beruf. Sie setzt sich ein mit ihren besten Kräften. Und scheitert an den Interessen der anderen, an Unbeweglichkeit und dumpfem Behaupten der Macht. Die Kräfte sind verbraucht, alles scheint umsonst. Doch dann zeigt sich, dass über den Abgrund der Vergeblichkeit eine Brücke gespannt ist, die unsicher zuerst und dann mit wachsendem Vertrauen begangen werden kann. An der Seite eines Freundes, einer Freundin zeigt sich auch jenseits des Scheiterns ein Weg.

Wer diese Erfahrungen macht, weiß um den Dank, den sie wachrufen. Das Leben im Jenseits ist Geschenk, oder Gnade, wie unter Glaubenden gesagt wird. Es ist verdanktes Leben, daher ein Leben des Danks. Im Brief an die Römer schreibt Paulus mit seinem scharfen Sinn für Realität und für die Möglichkeiten des Realen: „Wisst ihr denn nicht, dass wir alle, die wir auf Christus Jesus getauft wurden, auf seinen Tod getauft worden sind? Wir wurden mit ihm begraben durch die Taufe auf den Tod, und wie Christus durch die Herrlichkeit des Vaters von den Toten auferweckt wurde, so sollen auch wir als neue Menschen leben. Wenn wir nämlich ihm gleich geworden sind in seinem Tod, dann werden wir mit ihm auch in seiner Auferstehung vereinigt sein. … Sind wir nun mit Christus gestorben, so glauben wir, dass wir auch mit ihm leben werden." (Röm 6,3-5.8)

In vielen Dörfern, auf vielen Friedhöfen stehen Heldendenkmäler. Lange Reihen von Namen, die Toten der Weltkriege des vergangenen Jahrhunderts, alles Männer. Die Männer starben den Heldentod. Was starben die Frauen? Worin bestand das Heldentum? Die Männer haben das Leben gegeben für etwas, das größer war als sie. Aber waren Führer, Volk und Reich größer? War jener Gott, der auf der Gürtelschnalle der Wehrmachtssoldaten mit in den Zweiten Weltkrieg zog oder jener, der über den Heeren des Ersten Weltkriegs angerufen wurde, größer?

Heute ist der Sinn für diese erhabenen Zwecke abhanden gekommen. Geblieben ist die Not des Todes, seine Einsamkeit, seine Nacht, seine Leere. In dieser Not aber gibt es die Möglichkeit der Hingabe. Ich kann, wie Paulus

sagt, Christus gleich werden in seinem Tod, ich kann mit ihm sterben. Niemand zwingt mich dazu. Es ist das Angebot der Liebe, die Verlockung der Liebe. Ich kann meinen Tod in eine Hingabe an Gott und die Welt verwandeln. Und das nicht erst im großen Tod ganz zuletzt. Ich kann es in all den kleinen Toden tun, die ich tagtäglich sterbe, in den ganz kleinen der täglichen Hingabe und auch in den größeren der mächtigen Erschütterungen. So tut sich vor mir immer neu ein Jenseits auf, das mir als Geschenk und Gnade von niemandem genommen werden kann. Wer aus der Sorge um sich selbst auszieht und in ein Leben der Hingabe an andere eingeht, erfährt bereits hier das unverlierbare Jenseits eines immerwährenden Danks. Diese Menschen erfahren das Leben als immerwährendes Geschenk.
Dagegen lässt sich einwenden, dass nicht jeder Mensch die Freiheit zur Hingabe hat. Viele werden gezwungen, es bleibt ihnen nicht die Wahl. Sie sind Opfer von Armut, Unterdrückung, Ausbeutung. Aber auch sie können erwachen zur Freiheit der Hingabe, zur Fähigkeit, dem Unterdrücker mit dem Einsatz des eigenen Lebens zu begegnen. Wer immer aber die Freiheit besitzt, muss wissen, dass sie vor eine elementare Wahl stellt: Will ich andere zu Opfern machen und so selber auf der Seite der Unterdrücker stehen? Oder bin ich selber zum Opfer bereit, um die Freiheit auch anderen zu bewahren?
Wer aus dem Dank lebt, empfängt sein Leben täglich neu. Der Dank verzaubert das Leben. Doch er hat seinen Preis.

Liebe

Hans Urs von Balthasar hat 1963 ein kleines Buch veröffentlicht, ein Bändchen mit dem Titel *Glaubhaft ist nur die Liebe*. Darin ist zu lesen: „Glaubhaft ist nur die Liebe, es muss und darf aber auch nichts anderes geglaubt werden als die Liebe. Das ist die Leistung, das ‚Werk' des Glaubens, diese absolute und durch nichts einholbare Prius anzuerkennen. Glaube, dass es Liebe, absolute Liebe gibt – und dies als Letztes und dahinter nichts mehr." (67, 68) Diese Liebe begegnet uns in Jesus von Nazareth.

Ich glaube, dass es so ist. Es ist das große Geschenk meines Lebens. Wenn ich mich, wie wir Jesuiten es jährlich tun, für etwa eine Woche in die Stille zu Geistlichen Übungen zurückziehe, kann ich immer wieder erfahren, wie ich durch alle mehr oder weniger guten Erfahrungen und Ereignisse meines Lebens in diese Liebe hineinfalle. Oder, anders gesagt, wie mir in allem diese Liebe entgegenkommt, nahe ist und einen Grund gibt. Es ist ein Geschenk, ein reines Geschenk, für das ich sehr dankbar bin. Von diesem Dank geht die Dankbarkeit in alle Bereiche meines Lebens aus. Wenn ich erwache, bin ich dankbar für den Tag, für die Sonne und den Regen, ich bin dankbar, dass ich mich bewegen kann, dass mir etwas zur Predigt einfällt, dass Dinge gelingen und auch, das braucht manchmal etwas Zeit, dass sie nicht gelingen. Der Dank trägt mich. Er gibt allen Dingen Frische, den Zauber des Unverbrauchten, das Wunderbare des

Anfangs. Aber, denke ich mir, wie kann ich diese Erfahrung, wie kann ich Glaube und Dank anderen zugänglich machen? Die Sprache scheint dazu so arm. Wie beschreibe ich jemand das Meer, der sein Leben in der Wachau verbracht hat? Wie beschreibe ich jemand die Wachau, der auf einer Insel im Pazifik lebt?

Um die Wahrheit Jesu Christi zu erkennen, ist eine Einsicht besonderer Art notwendig. Die Erkenntnis logischer Widerspruchsfreiheit genügt nicht. Auch nicht der Nachweis, dass sich alles eindeutig von den gegebenen Prämissen ableiten lässt. Oder der Beweis auf Grund historischer Fakten. Alles das ist wichtig, aber zu wenig. Die Wahrheit Christi erkenne ich, wenn sie mir zu Herzen geht. Sie geht mir dann zu Herzen, wenn sie mich ergreift, fasziniert. Und sie fasziniert mich, wenn ich sie als schön wahrnehme, einleuchtend, attraktiv. Was ist schön an der Gestalt Jesu Christi? Betrachte ich Worte und Taten im einzelnen, bleiben sie ambivalent, schön und auch nicht schön, ja die Gestalt entzieht sich sogar ins Schreckliche: „Er hatte keine schöne und edle Gestalt, so dass wir ihn anschauen mochten." (Jes 53,2)

In allem aber, in Worten und Taten im Ganzen, im Netzwerk ihres Verweisens aufeinander, kann etwas wahrgenommen werden, das von wunderbarer Schönheit ist: das Eingehen auf die Menschen, das Mühen um sie, die Hingabe gerade an jene, die arm sind und am Rand stehen und eine geheimnisvolle schöpferische Macht, die in all dem die Gegenwart Gottes spürbar, erahnbar, wahrnehmbar macht. In Jesus zeigt sich eine unüberbietbare Liebe. Er spricht nicht über sie, er ist diese Liebe.

Die Wahrheit Jesu kann ähnlich erkannt werden wie die Wahrheit eines großen Kunstwerks. Ich schaue und schaue, ich höre und höre, und tauche immer tiefer ein. Immer mehr wird wahrnehmbar, wie eines auf das andere verweist, wie jeder Teil recht an seinem Platz ist und wie alle Teile beitragen zur Gegenwart eines Ganzen, das weit mehr ist, als bloß die Summe einzelner Informationen, Farben, Formen, Klänge. Wie die Gestalt eines Kunstwerks in ihrer Gültigkeit und Verbindlichkeit als wahr einleuchtet, so ähnlich leuchtet auch die Gestalt Jesu Christi ein. Das Einleuchten des Kunstwerks ruft Dank wach. So ist es auch, wenn die Gestalt Christi einleuchtet. Sie ruft einen Dank wach, der alles verwandelt. Wie beschreibe ich jemand die Wachau, der auf einer Insel im Pazifik lebt? Ich zeige ihm, dass ich sie liebe und warum ich sie liebe.

Wie die Dinge Glanz bekommen

Onkel Xandl war Tischler. Bei den alljährlichen Familientreffen zu Allerheiligen bin ich gern neben ihm gesessen. Er hat mir von seiner Arbeit, vom Umgang mit dem Holz erzählt. Das hat er auf eine besondere Weise zu behandeln gewusst. So gelang es ihm, die dem Holz eigene Schönheit zum Vorschein kommen zu lassen. Freilich, es war ein mühsamer und langsamer Prozess. Die Poren des Holzes mussten geschlossen werden, ohne sie zu verkleben. Dann wurde Schellack aufgetragen, eine Schicht nach der anderen. Trocknen lassen, glätten, eine neue Schicht aufbringen, das wurde so lange fortgesetzt, bis die Oberfläche des Holzes jenen sanft vibrierenden Glanz hatte, der nur durch diese Art der Politur zu erzielen war. Nur so konnte die dem Holz eigene Schönheit zum Erscheinen gebracht werden. Die Behandlung mit dem farblosen Schellack ließ das Holz in seinen schönsten Farben leuchten. Wie von selbst leuchtete das Holz. In der Salzburger Festung, wo ich aufgewachsen bin, hat ein Keramiker gewohnt. Arno Lehmann war ein international angesehener Meister seines Fachs. Als Kind schon und auch später bin ich hie und da bei ihm gewesen. Er hat hohe alte Räume bewohnt, mit Holzdecken. Da standen Gefäße, hingen an den Wänden Bilder aus Keramikplatten, auch Skulpturen gab es, einen machtvollen Stier, eine liegende Gazelle, den Kopf erhoben und gespannt ausschauend. Alles das war aus Tonerde gebildet, eine geheimnisvolle und herrliche Welt. Ich habe die eben zuvor aus Tonerde geformten Gefäße gesehen, die einige Zeit zum Trocknen in Regalen standen. Ich habe zugeschaut, wie sie mit hellem und dunklem Brei begossen und mit Metallsplittern bestreut wurden. Durch ein kleines Loch im Ofen konnte ich die Gefäße später wiederum sehen, rotglühende, feurige Gebilde. Immer von neuem ist so die Erde verwandelt worden. Schließlich stand das fertige Gefäß vor uns, wie ein Wunder war das. Denn wie sehr hatte sich die Erde verwandelt, welcher Reichtum war da zur Erscheinung gekommen. Der Klumpen Erde hat sich aufgetan zum Gefäß, er bietet Raum. Und wie kostbar ist dieser Raum umfangen. Denn die trübe Glasurmasse war zu einem prachtvollen Farbmantel geworden, in dem immer wieder eine heimliche Glut zum Aufleuchten kam.

Wie schön und prachtvoll war das unscheinbare Stück Tonerde durch das Wirken des Keramikers geworden. Dabei hatte er nichts anderes gemacht, als den Reichtum offenbar werden zu lassen, der in der Erde schon verborgen anwesend war. Das ist die Kunst. Es ist die Kunst, von der mir auch Onkel Xandl erzählt hat.

Diese Kunst kann auch im Betrachten von Kunstwerken geübt werden. Sie verlangt, in einem langsamen und mühsamen Prozess auf die Gestalt eines Kunstwerks einzugehen, um so den Sinn zum Erscheinen kommen zu lassen. Mein Lehrer in der Kunstgeschichte, Wilhelm Messerer, hat eben so seine Wissenschaft betrieben. Jahre nach Beendigung meines Studiums hat er in einem seiner Briefe etwas vom Sinn dieses Tuns aufblitzen lassen. Seine Bemerkung hat etwas sehr Wichtiges beinahe schon wieder verborgen. Er schrieb: „Kunst vermittelt Freude nicht so direkt wie einfach Lebensfreude oder wie ein Auf-einen-Zukommen, ein Ansprechen, Anlächeln, als ein springender Quell. Aber sie enthält sie, selbst wenn sie von Goya ist, als ein Gebilde, eine ‚Welt', sie umfängt sie und ist als solche ein nicht erschöpfter Quell. Darum möchte ich noch bei ihr bleiben und sie ernst nehmen bis in die letzten kleinen Falten …". Es kann also in jedem Kunstwerk, selbst wenn es wie die Werke Goyas Schreckliches zeigt, etwas zum Vorschein kommen, eine Freude, ein Strahlen, ein Aufleuchten, die unsagbare Mitteilung eines Sinns.

Onkel Xandl, Arno Lehmann, Wilhelm Messerer, diese drei haben mich etwas gelehrt. Sie haben mir Erfahrungen ermöglicht, die in mir eine tiefe Liebe zur Welt wachgerufen haben. Dafür kann ich ihnen nicht genug danken. Wie das unansehnliche Holz, die unscheinbare Tonerde oder das fremdartige Kunstwerk birgt die Welt in sich das Geheimnis einer wunderbaren Schönheit. Die Welt ist schön. Oft ist ihre Schönheit noch verborgen und will zur Erscheinung kommen. „Denn wir wissen, dass die gesamte Schöpfung bis zum heutigen Tag seufzt und in Geburtswehen liegt." So drückt es Paulus in seinem Brief an die Römer aus (Röm 8,22).

Der Tischler, der Keramiker, der Kunsthistoriker, diese drei haben mich den Grund meines Glaubens entdecken lassen. Die Predigt in meiner ersten Messfeier habe ich selbst gehalten. Ein bisserl ungewöhnlich war das schon, ich wollte aber etwas sagen, das mir damals sehr wichtig war:

„Je mehr ich Gott kennengelernt habe, umso mehr habe ich erfahren, wie sehr Gott die Welt liebt. Alle meine Liebe zur Welt ist nur möglich als Teilhabe an seiner Liebe. Und je mehr ich mit Gott die Welt liebe, umso mehr gehen mir die Augen auf für die Schönheit der Welt. Denn der Ursprung aller Schönheit ist Gott. Deswegen ist alle Schönheit ein Geheimnis.
Je mehr ich Gott kennengelernt habe, umso tiefer habe ich auch eingesehen, wie Gott die Welt liebt. Gott liebt die Welt nicht nur als einer, der ganz anders ist als sie. Er liebt die Welt gewissermaßen auch von innen. Er ist in die Welt eingegangen und Mensch geworden. Und als Heiliger Geist ist Gott in uns selbst am Werk, damit auch wir Menschen werden, echte Menschen nach dem Bild Gottes. Die tiefste und verborgenste Schönheit der Welt soll in uns zur Erscheinung kommen. Die ganze Schöpfung seufzt und liegt in Geburtswehen, dass das geschehe.
Wir gleichen jetzt noch den Gefäßen, die in der Gluthitze des Ofens gebrannt werden. Alles gegenwärtige Leid aber soll für uns Geburtswehen gleich sein; diese sind kein Leid zum Tode, nein, sie sind vielmehr Vorboten neuen Lebens. Denn Gott wirkt denen, die ihn lieben, alles zum Guten. Gott liebt die Welt unsagbar."
Seit meiner ersten Messfeier sind über zweiundzwanzig Jahre vergangen. Zweiundzwanzig Jahre im Ofen. Manchmal war die Hitze schon gewaltig. Aber ich habe es nie bereut. Ich bin für alles das sehr dankbar.

Wille zum Diesseits

Wer in den Jesuitenorden, oder, wie meine Gemeinschaft offiziell heißt, in die Gesellschaft Jesu eintreten will, verbringt die ersten zwei Jahre im sogenannten Noviziat. Das ist eine Probezeit, die gemeinsam mit erfahrenen Jesuiten verbracht wird. Im Zusammenleben wird geprüft, ob dieser Weg tatsächlich der richtige ist. Wenn es so ist, werden am Ende des Noviziats die Gelübde der Armut, der Keuschheit und des Gehorsams abgelegt. Wenige Tage vor Ablegung der Gelübde und knapp vor meinem dreißigsten Geburtstag, am 2. März 1983, habe ich im Kreise der Jesuiten des Berchmanskollegs in München eine Predigt gehalten. So etwas ist Teil der Ausbildung. Für mich war es eine Gelegenheit, meine Entscheidung zu überdenken und vor anderen zu begründen. Die eigenen Gedanken anderen mitzuteilen ist ja etwas anderes, als sie still mit sich herumzutragen. Sie nehmen dadurch eine oft überraschende Gestalt an. John Macken, ein inzwischen bereits verstorbener irischer Jesuit, hat mir damals geraten, das Gesagte bei mir zu behalten. Es werde für mich wichtig sein. Ihm danke ich. Was ich damals sagte, bewegt mich noch heute.

Begonnen habe ich mit einem Zitat aus dem letzten Buch von Reinhold Schneider. Um diesen bedeutenden Schriftsteller ist es inzwischen recht ruhig geworden. In den 50er-Jahren zählte er zu den Größen des deutschen Kulturlebens. Den letzten Winter seines Lebens hat er in Wien verbracht und dort eine Art Tagebuch geführt, No-

tizen, die unter dem Titel *Winter in Wien* 1958, kurz nach seinem Tod, erschienen sind. An das Zitat habe ich dann meine Gedanken angefügt:
„Nur einem heftigen Willen zum Diesseits entkeimt (nach der Lebenskrise) der Glaube an das Jenseits; wer nicht will, der glaubt eben nicht. ... Hier liegt der Grund des Verfalls der Religion: jenes Verfalls, dem nicht beizukommen ist. Unter leidlichen Umständen leben die Menschen ganz gerne; aber in diesem ‚gerne' ist keine Kraft. Der Film läuft ab, der Fernsehschirm erlischt. Noch einmal? Oder weiter? Warum? Zeugung ist Lebensrecht, das allen Generationen zufiel. Warum soll es dieser verweigert werden? Weiter machen wir uns keine Gedanken; es ist auch schon überzahlt: das nette bisschen Glück. Das ist im Eintrittspreis eingeschlossen. Im übrigen: der Pilz der Glutwolke entbreitet sich in der Luft. Das Schwert sticht nieder. Wohl dem, mit dem es vorher zu Ende geht. Wollte man also missionieren, so müsste man den Willen zum Diesseits stärken; die Angst taugt nichts. Aber wo sind die Argumente?" (Reinhold Schneider, *Winter in Wien*, 197, 198)
Glaube und Wille zum Diesseits also aufs engste miteinander verbunden; wo die Welt nicht mehr gewollt, bejaht, geliebt wird, erstirbt Religion. Ist diese Verknüpfung richtig? Wir erleben zwar in Europa einen Niedergang der Religion, doch nicht aus Mangel an Diesseitigkeit. Vielmehr gehen alle Kräfte sosehr in der Beschäftigung mit der Welt auf, die Bewältigung des Diesseits nimmt sosehr alle Energien in Anspruch, dass darüber ein Jenseits aus dem Blick gekommen ist, hinabgetaucht unter

den Horizont, der sich nun weit um uns zieht und die Welt umfängt, in der sich entfalten soll, was in uns Erfüllung sucht.

Entwürfe werden gezeichnet, Möglichkeiten abgewogen, Mittel gesucht, Wege tastend erprobt, wir planen und bauen. In der Hinwendung zum Diesseits gebrauchen wir dieses als Material unserer Weltgestaltung. Der große Gedanke des Abendlandes: dass die ganze Welt in unseren Händen Material zur Gestaltung ist, dass die Ordnungen nicht vorgegeben sind, sondern gemacht werden von uns, dass nicht die Welt uns im Griff hat, sondern wir die Welt begreifen und entwerfen.

Die große Möglichkeit: dass uns durch das Eingehen in die Diesseitigkeit Menschsein auf eine immer tiefere Weise erfahrbar wird in seiner Verantwortlichkeit und Gefährdung bis hin zum letzten Geheimnis seiner Freiheit, in dem es über sich selbst hinausweist.

Die große Gefährdung: dass wir Mensch und Welt ihrem Geheimnis entreißen und zum Material der Gestaltung einer von uns vorgestellten, erdachten, ersehnten Welt machen, dass wir sie als Versatzstücke gebrauchen zum Bau einer eigenen Schöpfung.

Das Dritte Reich war der Versuch eines solchen Selbstentwurfs, auch die Ideologie des Kommunismus ist es, wie jede Ideologie, Freiheit und reiche Möglichkeiten werden in den Industrienationen oft nur zu demselben Ziel gebraucht, das auch totalitäre Staatssysteme bestimmt; die Wissenschaft erliegt dieser Gefährdung, wenn sie meint, endgültige Erklärungen liefern zu können, die Kirche, wenn sie zu genau weiß, was Gott im

Sinn hat und wie das richtige Verhalten ihm gegenüber auszusehen hat, Mann und Frau erliegen ihr, wenn sie sich nur zu gut mit ihresgleichen und miteinander auskennen, ich selbst bin ihr erlegen, als ich so lebte, als könnte ich Welt und Menschen nach meinen Wünschen um mich haben …

Nach der Vorstellung der Jünger sollte der Weg Jesu auf Erden ein Aufstieg sein, in seinen Sieg und seine Herrschaft wollten sie ihm folgen.

Doch der Weg Jesu ist ein Abstieg, seine Hinwendung zur Welt gilt dem Ganzen und sucht nicht einen Teilbereich nach eigenen Wünschen zu gestalten.

Jesus, das ist der Anspruch Gottes an die Welt, nicht von oben her in sie hineingerufen, sondern von ihrer eigenen Mitte her an sie gestellt. In Jesus begegnet die Welt ihrem tiefsten Geheimnis: Der jenseitige Gott tritt uns aus dem Diesseits heraus entgegen, er geht uns voraus ins Diesseits hinein. Auf dem Weg zum Menschen entzieht er sich allem menschlichem Gottbegreifen, verlässt alle Häuser, die ihn bergen und den Menschen zur Verfügung halten sollen, durchbricht jedes Bild, das wir uns nach dem eigenen von ihm machen. Ihm gegenüber werden wir vor eine letzte Entscheidung gestellt, wenn wir einmal erkannt haben, dass wir die Wahl haben zwischen der Welt unserer eigenen Vorstellungen und jener, in die er uns vorausgegangen ist. In beiden Fällen eine Entscheidung zum Diesseits.

Doch trauen wir dem Diesseits zu, dass es in sich das Geheimnis der Nähe Gottes birgt, dass durch unsere liebende Hinwendung dieses Geheimnis aufleuchtet? Oder

meinen wir, die Gestalt der Welt und des Guten in ihr selbst bestimmen zu müssen.
Gott ist Mensch geworden, und die Weise, wie wir uns zum Menschen verhalten, entscheidet über unsere Nähe oder Ferne Gott gegenüber. Glauben wir das, das heißt, liegt für uns im liebenden Dienst an den Menschen, in der Bereitschaft zum Opfer, zuletzt in der Hingabe unser selbst die Erfüllung des Lebens? Finden wir uns darin als Person zur Vollendung gebracht, wollen wir eine Vollendung dieser Art? Ja, sind wir bereit, den Abstieg ins Diesseits mitzumachen, auch dort, wo wir selbst nicht mehr den Weg bestimmen, auch dorthin, wo es sehr dunkel wird; glauben wir an die Vollendung der Liebe dort, wo sie den nicht aufhebbaren Widerspruch zwischen unserer tiefsten Sehnsucht und der Gegebenheit der Welt in ihrem Opfer überspannt? Wollen wir diese Vollendung, das Ende im Opfer, wollen wir das? Glauben wir, dass eben darin Offenbarung Gottes in der Welt geschieht, und sind wir bereit, diesem Gott in die Welt hinein nachfolgend entgegenzugehen, sind wir dazu glaubend, hoffend, liebend bereit?"

Viele Fragen waren das damals. Es sind die wichtigsten Fragen meines Lebens geblieben. Meinem Mitbruder John Macken danke ich noch heute, dass er mich damals darauf aufmerksam gemacht hat.

Leere und Stille

Wenige Kilometer nordöstlich von Böhmisch Krumau ist Římov zu finden, ein Wallfahrtsort mit Hl. Geistkirche und einem weit in die Landschaft ausgreifenden Kreuzweg mit 25 Kapellen. Sie wurden von den Jesuiten um 1700 errichtet. „Římov wird das ‚Südböhmische Jerusalem' genannt, weil seine Bauherren und Baumeister im Geiste der spätbarocken sakralen Landschaftsgestaltung Anlehnung an den Formenreichtum des sakralen Jerusalem und die Stätten von Christi Leben und Leiden bewusst gesucht haben. Římov hat sehr viel zur Erhaltung des sakralen Landschaftsbildes in Südböhmen mit der Vielzahl seiner Wegkreuze und Stationen beigetragen." (Hugo Rokyta, *Die böhmischen Länder*, 133)

Der Kreuzweg ist ein schönes Beispiel für eine barocke „Land Art". Der Weg führt über Wiesen und durch Felder, bergauf und bergab von einer Station zur anderen. Vom Ort der Kreuzigung geht es schließlich einen Hügel hinunter in eine Mulde, wo das Grab Christi als kleine Kapelle errichtet ist. Im Inneren des Baus führt eine sehr niedere Öffnung in die Grabkammer. Nichts ist in ihr zu finden, nur ein sorgfältig behauener Steinblock. Die Stille und die Leere des Ortes haben etwas Erschütterndes. Es ist nichts zu finden, und doch hat eine Suche hierher geführt.

Die Wiener Jesuitenkirche ist buchstäblich bis auf den letzten Quadratzentimeter farbig ausgemalt, einer der frühen barocken Farbräume in Österreich. Alles ist gestaltet, nichts ist unberührt geblieben. Überall wird etwas mitgeteilt. Der Innenraum wirkt fast so wie eine der Straßen der Innenstadt. Von allen Seiten dringen Botschaften auf den Besucher ein. Wer hier Leere sucht, scheint am falschen Ort zu suchen. Nachts bin ich sehr gern im Inneren der Jesuitenkirche. Wenn es dunkel ist, kommen alle Bilder zum Schweigen. Die bunte Vielfalt der Gestaltung versinkt ins Schwarz. Dann wird es leer und völlig still im Raum. Aus dieser Leere und Stille lässt das Licht des folgenden Tags die Bilder und Farben wieder auftauchen. Selbst in der Leere und Stille des Dunkels weiß ich aber, dass die Bilder und Farben da sind. Bloß für kurze Zeit verborgen, werden sie bald wieder sichtbar sein.

Wenn ich morgens die Zähne putze und über das Waschbecken gebeugt stehe, ist es leer in meinem Kopf. Aus Erfahrung weiß ich, dass in dieser Leere manchmal überraschende Gedanken auftauchen. Eines Tages, ich war gerade auf der Suche nach einem Gedanken für die Predigt der Osternacht, tauchte die Frage auf, was wohl die Bedingung der Möglichkeit von Auferstehung sei. Die Bedingung der Möglichkeit von Auferstehung? Das klingt ziemlich geschwollen, ist aber leicht zu beantworten. Die Bedingung ist Leere, völlige Leere. Das Nichts des Todes, das Aus für alle Hoffnungen, die Leere des Grabes, die Abwesenheit von allem, was einem lieb war. So wird es ja in den Evangelien beschrieben. So haben es die Jünger und die Frauen damals erfahren. Ohne diese Leere, diese Stille, dieses Nichts, diese absolute Tilgung des Lebens gibt es offenbar keine Auferstehung. Deswegen auch das leere

Grab, wie es in Rímov so erschütternd zu erleben ist. Nichts sollte bleiben, nicht einmal ein Leichnam. Nichts bleibt verfügbar. Alles wird entzogen.

Gott schenkt sich mir aus dem Nichts. Es ist reine Gnade. Er kommt mir entgegen als der, der für mich Mensch geworden und gestorben ist. Nicht bloß „im Glauben der Gemeinde". Er ist nicht bloß im Herzen lebendig, wie es ja von Verstorbenen so gern gesagt wird. Hier kommt mir jemand entgegen, der anzufassen ist, der mit den Jüngern isst und trinkt. Die Bedingung der Möglichkeit von Auferstehung ist allerdings der Tod, die Stille, die Leere. Wenn ich will, dass mir der Auferstandene heute begegnet, muss ich die Bedingung dafür schaffen. Das kann ich tun.

Doch Stille und Leere sind heute nicht gern gesehen. Die kirchlichen Räume sind erfüllt von der Geschäftigkeit der Programmentwickler und Strukturverbesserer. Leere Räume, auch leere Kirchenräume werden nicht gerne gesehen. Sie sind ein Zeichen für mangelnde Nachfrage. An ihr leiden die Funktionäre der Institution. Aber täten sie nicht gut daran, für Leere und Stille dankbar zu sein? Ist es nicht gerade eine Aufgabe der Kirche, Räume frei zu halten, Kirchenräume wirklich frei zu halten, damit in ihnen etwas geschehen kann, das nicht wieder nur von Amtsträgern und Institutionserhaltern in diese Räume hineingelegt worden ist? Dass sich aus dieser Leere etwas mitteilt, aus Gnade, das reine Geschenk.

Wer sich heute umsieht, entdeckt immer wieder Orte der Stille, des Schweigens, der Leere. Es sind auch Kirchenräume darunter. Doch gibt es auch viele andere Orte, wo das zu erfahren ist. Meist wird es dort viel bewusster gepflegt als in den kirchlichen Räumen. Seit Jahren besuche ich regelmäßig die Konzerte des Klangforum Wien. Diese Gemeinschaft von Musikerinnen und Musikern ist international hoch angesehen und widmet sich ganz besonders der Pflege zeitgenössischer Musik. Die Bekanntschaft mit vielen Werken lebender Komponistinnen und Komponisten habe ich dem Klangforum zu verdanken. Diese Musik muss im Konzertsaal erlebt werden. Nur dort kann sie ihre wunderbare Gegenwart entfalten. Da gibt es immer wieder Partien, die so leise sind, dass die Musik an den Rand des Verstummens führt. Mehr als bei jeder anderen Musik, die mir bekannt ist, habe ich das in der zeitgenössischen Musik gefunden. Dem Klangforum Wien gelingt es, eine Stille gegenwärtig zu machen, die mit einem Mal zum Ort wird, wo etwas wie neu, wie nie dagewesen erfahren werden kann. Töne, Klänge, Geräusche scheinen aus dem Nichts geboren.

In der Malerei, der Bildhauerei oder der Architektur gibt es Ähnliches. Leere einfarbige Flächen, ins Schweigen versunkene Steinblöcke, Freiräume. Im Film kann es sein, dass eine unscheinbare Handlung unsagbar langsam geschieht, so langsam, dass wiederum nichts geschieht, die Zeit verläuft und doch ein Stillstand eingetreten scheint. Das erfahre ich als Tilgung all jener Inhalte, die von der europäischen Kultur über Jahrhunderte gepflegt und immer wieder neu interpretiert worden sind. Als wäre die Tafel gereinigt, der Horizont leer gefegt, die Erinnerung getilgt. Als wäre alles abhanden gekommen.

Vielleicht ist es so. Im Dunkel der Wiener Jesuitenkirche weiß ich wenigstens noch, dass die Bilder da sind, nur im Dunkel nicht zu sehen, nur vorübergehend verschwunden. Das weiß ich heute nicht mehr. Eine ganze Welt scheint verloren gegangen zu sein. Geblieben ist die Leere, die Stille. Die Versuchung ist groß, mit Geschäftigkeit und Lärm zu füllen, was an den Verlust erinnert. Aber ist es nicht besser, den leeren Raum zu lassen? Ich bin dankbar für diese Erinnerung daran, dass etwas fehlt. Leere und Stille machen hellhörig und hellsichtig für ein Entgegenkommen, wo immer es geschehen mag. Sie schicken mich fort. In ihnen ist nichts zu finden. Und doch hat mich eine Suche zu ihnen geführt. Die Suche weist über sie hinaus. Die Bedingung der Möglichkeit für ein Entgegenkommen des Fremden ist aber, dass ich Leere und Stille bewahre.

So weit führen Gedanken, die beim Zähneputzen gekommen sind. Grund genug, dankbar zu sein.

Gescheckte Schönheit

Mein Lieblingsstein ist der Adneter Marmor. Seinen Namen hat er von jenem Dorf südlich von Salzburg, in dessen Nähe er abgebaut wird. Schon in der Römerzeit gab es dort Steinbrüche. Vor beinahe tausend Jahren wurde mit dem Abbau wieder begonnen. Die Brüche sind nach ihren jeweiligen Besitzern benannt. Hier wird Scheck-Marmor, aber auch der sogenannte Tropf-Marmor mit seinen weißen Tupfen gefunden. Franz Kretschmer schreibt zum Marmor in seinem Heimatbuch Adnet: „Nach dem ‚Urban-Bauern' wurde die mehr einfarbig helle Tropfsorte je nach Grundfarbe als ‚Urbano-licht' oder auch ‚Urbano-rosa' benannt. … Nach dem ‚Mozen-Bauern' heißt der rote, stark mit Seeliliensten-geln durchsetzte Knollenkalk ‚Mozauer' oder ‚Mozen'. ‚Schnöll-Marmore', rot oder grau, eventuell auch mit Übergängen; ‚Eisenmann-' und ‚Schwalber-Bruch', ‚Lienbacher' und ‚Storach' tragen gleichfalls die Namen von Vorbesitzern. ‚Freymoos, Langmoos, Altental, Wimberg' und ‚Wolfsgrub' sind die Flurnamen ihrer örtlichen Fundstellen, und der ‚Kirchenbruch' liegt als unterster in unmittelbarer Nähe der Pfarrkirche an der ‚Kirchenwand'. ... Die ‚Tropfmarmore' werden entsprechen ihrer überwiegenden, oft aber auch ineinander übergehenden Färbung in ‚Hell-, Rot-, Grau-, Grün-' oder ‚Leber-Tropf' eingeteilt, wobei letzterer, genau wie etwa der ‚Violett-Tropf' verhältnismäßig selten vorkommt. Seiner markanten Zeichnung wegen, rein weiße, meist spitzeckig begrenzte Flecken, verdankt der ‚Scheck-Marmor' seine Bezeichnung und wird der Grundfarbe nach wiederum in ‚Rot-' oder ‚Grau-Scheck' unterteilt." (Franz Kretschmer, *Marmor aus Adnet*, 20, 21)

Allein schon die Aufzählung der Namen macht deutlich, dass die Schönheit des Steins mit seiner Vielfalt an Erscheinungsformen in Verbindung steht. Der Adneter Marmor ist schön, weil er scheckig, gesprenkelt, getupft ist, weil die Rottöne äußerst vielfältig sind und das Spiel anderer Farben reich. Ich bin mit diesem Stein aufgewachsen. In der Festung Hohensalzburg sind Treppen und Böden aus ihm gefertigt, Türgewände und Säulen aus Scheck-Marmor. Der Raum der Burgkapelle ist umfangen von großen Reliefs in rotem Marmor, Jesus und die Apostel. An die Außenwand der Kapelle hat Erzbischof Leonhard von Keutschach im frühen 16. Jahrhundert sein großes Denkmal setzen lassen, alles Adneter Marmor. Immer wieder ist mir dieser Stein auch später begegnet, bis hin zum Boden und den Türgewänden der Wiener Jesuitenkirche. Zeitgenössische Bildhauer, Karl Prantl oder Peter Paszkiewicz, haben mit ihm gearbeitet und Gebilde voll dichten Lebens geschaffen, wie es diesem Stein entspricht. Denn er hat seinen Ursprung im Organischen. Dankbar bin ich für die Erfahrung einer reichen, nie erschöpften Vielfalt, die mir von diesem wunderbaren Stein geschenkt wird. Ich nenne es das Scheckige, das Gesprenkelte der Dinge.

Ein befreundetet Geiger hat kürzlich bei einem kleinen Hauskonzert zwei Geigen gespielt. Sie wurden beide 1731 gebaut, eine von Antonio Stradivari, die andere von Carlo Bergonzi. Auffallend war, wie unterschiedlich diese Instrumente klingen. Das eine machtvoll klar, das andere samtig mild. Er spielte dann ein Stück mit einem hervorragenden Bogen, gefertigt von Francois Tourte, und dasselbe mit einem mittelmäßigen Bogen. Erstaunlich war, wie flach der Klang beim Spiel mit dem mittelmäßigen Bogen war. Es fehlte der Reichtum, die bunte Vielfalt des Klangs. Aus dem Vergleich ist das klar geworden.

Wie dankbar bin ich für solche Erfahrungen. Sie zeigen mir, dass es im Bunten, in der Vielfalt, im Gesprenkelten eine Schönheit zu entdecken gibt, die überall erreichbar ist. Es muss nicht gleich Stradivari oder Bergonzi sein. Es muss auch nicht Adneter Marmor sein. Die Stimme der Amsel, das Pfeifen der Schwalbe, das Rauschen des Windes, alltägliche Klänge tragen mir diese Vielfalt zu. Ich darf mich nur nicht begnügen mit der Eintönigkeit von so vielem, was mich an Geräuschen umgibt. Ich darf mich nicht begnügen mit der Flachheit der Erscheinung von so vielem, was ins Auge springen möchte. Die schönen Dinge sind meist still, da ihrem Reichtum alles Grelle fehlt. Holz und Stein, Blätter und Blumen, Früchte und Gemüse, in allem ist diese Schönheit zu entdecken. Alles das kann mich retten vor der Eintönigkeit und Flachheit, die mich auch umgibt. Es zeigt mir, wie groß der Reichtum auch in den einfachsten Dingen sein kann. Es macht mich anspruchsvoll. Denn auch beim Obst und beim Gemüse ist die Eintönigkeit weit verbreitet. Um mich herum ist eine Wüste von Einheitsgeschmack, Einheitsaussehen, Einheitsfarben und Einheitsformen im Wachsen. Das Scheckige und Bunte, das Gesprenkelte und Vielgestaltige wird nicht gerne gesehen in dieser Welt der Ordnung und Verwaltung, der Normen und Regeln. Wie dankbar bin ich daher für jede Ausnahme, für alles Bunte und Ausgefallene.

Der englische Jesuit Gerard Manley Hopkins ist Zeit seines Lebens nicht besonders in Erscheinung getreten. Als er 1889 im Alter von fünfundvierzig Jahren starb, waren seine Gedichte noch nicht veröffentlicht. Sie waren nur wenigen Menschen bekannt. Die Zahl derer, die sie zu schätzen wussten, war noch geringer. Erst zwanzig Jahre nach dem Tod seines Freundes gelang es Robert Bridges, einen Band mit Gedichten von Hopkins herauszugeben. Danach wurde Hopkins als einer der großen Dichter englischer Sprache auch öffentlich anerkannt. Seine Sprache ist von außerordentlichem Reichtum. Sein Beobachtungsvermögen von äußerster Feinheit. Er hatte den Sinn für die Vielfalt der Erscheinungen. Eines seiner Gedichte heißt PIED BEAUTY. Er preist in ihm die Schönheit des Geschecktten und Gesprenkelten:

GESCHECKTE SCHÖNHEIT

Ehre sei Gott für Gesprenkeltes –
Für Himmel in zwei Farben wie eine gefleckte Kuh;
Für alle Rosenmuttermale, Getüpfel der schwimmenden
Forelle;
Frische Feuerkohle, Kastanienstürze; Finkenflügel;
Überzeichnete und zusammengestückelte Landschaft –
Schafhürde, Brache, und Pflug;
Und alles Gewerbe, ihr Zeug und Gerät und ihre Ordnung.

Alles entgegnet, ursprünglich, spärlich, fremdartig;
Was immer unbeständig ist, sommersprossig
(wer weiß wie?)
Mit geschwind, langsam; süß, sauer; unverstellt, dunkel;
Er zeugt aus sich heraus, seine Schönheit ist über jeden
Wandel hinaus:
Ihm sei die Ehre.

(aus dem Englischen: Gustav Schörghofer)

Brot und Wein

Eucharistia bedeutet im Griechischen des Neuen Testaments Dankbarkeit. Die heilige Messe wird als Ausdruck des Dankes gefeiert. Zugleich ist Eucharistie auch die Bezeichnung der Gaben von Brot und Wein. Die Eucharistiefeier ist also Feier der Dankbarkeit für das unerhörte Entgegenkommen Gottes in den Gestalten von Brot und Wein. Sie werden in den Leib und das Blut Christi gewandelt. In ihnen ist Gott gegenwärtig, der die Welt verwandelt und ihr Anteil schenkt an seinem göttlichen Leben. Was für das Ende der Zeiten als Vollendung der Welt erhofft wird, dass „Gott alles in allem sei" (1 Kor 15,28), das ist in der Eucharistie bereits Gegenwart. Wer von diesem Brot isst und von diesem Wein trinkt, hat Anteil an Christi Leib und Blut. So haben er oder sie Anteil an der bereits vollendeten Welt. Sie übernehmen damit auch Verantwortung für die Welt. An ihnen liegt es, das Ihre zur Vollendung, zur Verwandlung der Welt in Gott hinein beizutragen.

Brot und Wein als Leib und Blut, oder noch drastischer ausgedrückt als Fleisch und Blut Christi – diese Aussage kann verschieden gedeutet werden. Eine Möglichkeit ist, sie im übertragenen Sinn zu verstehen. Wenn jemand von mir sehr geliebt wird, dann „habe ich ihn zum Fressen gern". Die Liebe zu Christus bringt mich dazu, ihn gewissermaßen „mit Haut und Haar" in mich aufnehmen zu wollen, um gänzlich eins mit ihm zu sein. Es gibt ja nicht nur materielle Lebensmittel, sondern auch

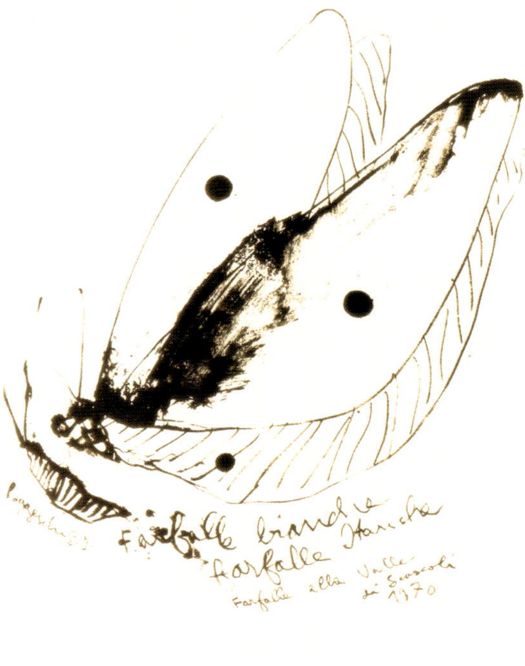
Farfalle bianche
farfalle stanche
Farfalle alla Valle
di Saracoli
1970

geistige. Ich bin imstande, mir ein Gedicht einzuverleiben. Ich kann die Worte Jesu zu mir nehmen, sie kauen und verdauen, dass sie ganz in mich eingehen. In diesem Sinn kann auch das Essen von Fleisch und Blut in den Gestalten von Brot und Wein verstanden werden. Der Liebhaber wird zum geistigen Weinbeisser.

Aber das ist zu wenig. Die Sache drängt nach mehr. Denn bei der Deutung im übertragenen Sinn kommt zwar der Geist auf seine Kosten, der Leib, mein Körper bleibt aber doch sich selbst überlassen. Soll nicht auch der Körper an der allgemeinen Wandlung teilhaben? Was Christus während seines irdischen Lebens begonnen hat, das setzt er nach seiner Auferstehung fort. Wie sein irdischer Leib gewandelt wurde in die Gestalt des auferstandenen Leibes, so wird die Welt in Gott hinein gewandelt, ganz vom Leben Gottes durchdrungen. Das geschieht bereits jetzt und wird endgültig für die Zukunft erhofft. In der unscheinbaren Gestalt der eucharistischen Gaben Brot und Wein ist diese Wandlung bereits vollzogen. Wenn ich sie zu mir nehme, vertraue ich mich diesem alles wandelnden Gott an. Ich bringe damit auch zum Ausdruck, dass ich an der Wandlung der Welt mitwirken will, mich ihr nicht widersetzen will und, was nur in meinen Kräften liegt, dazu beitragen will, dass alles vom Geist Gottes durchdrungen wird.

Das alles ist mit Freude verbunden, aber auch mit Leiden. Doch: „Ich bin überzeugt, dass die Leiden der gegenwärtigen Zeit nichts bedeuten im Vergleich zu der Herrlichkeit, die an uns offenbar werden soll. Denn die ganze Schöpfung wartet sehnsüchtig auf das Offenbarwerden der Söhne Gottes. Die Schöpfung ist der Vergänglichkeit unterworfen, nicht aus eigenem Willen, sondern durch den, der sie unterworfen hat; aber zugleich gab er ihr Hoffnung. Auch die Schöpfung soll von der Sklaverei und Verlorenheit befreit werden zur Freiheit und Herrlichkeit der Kinder Gottes. Denn wir wissen, dass die gesamte Schöpfung bis zum heutigen Tag seufzt und in Geburtswehen liegt. Aber auch wir, obwohl wir als Erstlingsgabe den Geist haben, seufzen in unserem Herzen und warten darauf, dass wir mit der Erlösung unseres Leibes als Söhne offenbar werden. Denn wir sind gerettet, doch in der Hoffnung." (Röm 8,18-24) Paulus beschreibt in dieser wunderbaren Stelle des Briefes an die Römer einen Prozess, in dem wir und die gesamte Welt stehen. Selbstverständlich sind die Kinder Gottes als Söhne und Töchter zu verstehen. Bedeutend ist aber vor allem, dass die gesamte außermenschliche Natur, die Schöpfung insgesamt in den Prozess der Verwandlung hineingenommen ist. Das ist im Lauf der Geschichte des Christentums allzu oft vergessen worden.

Wenn ich daher in der Gestalt des Brotes das Fleisch Christi esse, bedeutet das nicht, in sublimierter Form Menschenfresserei zu betreiben. Ebenso wenig gilt das für das Trinken des Blutes Christi in der Gestalt des Weines. Was ich zu mir nehme, womit ich mich vereinige, ist eine bereits ganz und gar in den Leib des Auferstandenen hinein verwandelte Schöpfung. Ich begebe mich gewissermaßen mit diesem Mahl an den äußersten Rand unserer Existenz, dorthin, wo alles schon geschehen, alles schon verwandelt ist. Von dort her kommend bestimmt sich mein Ort in der Welt. Nicht einer oder eine zu sein, die Welt konsumierend benützen und verbrauchen. Vielmehr wird durch mein Wirken Welt bewahrt, kultiviert, veredelt und so die Hoffnung auf etwas wach gehalten, das wir nicht erzeugen können, aber in Zukunft als ein Geschenk erwarten.

Das alles hat viel mit dem zu tun, was beim Schaffen von Kunstwerken und in der Begegnung mit ihnen geschieht. Wenn die Welt nur mehr als ein Gegenstand zur Befriedigung unserer Bedürfnisse gesehen wird, dann verdorrt sie unter der Herrschaft dieses Denkens. Erst im vergangenen Jahrhundert ist auf extreme Weise deutlich geworden, wie sehr die Bedeutung künstlerischen Schaffens jenseits von allem Abbilden, jenseits aller noch so perfekten Beherrschung der Technik liegt. Beherrschung der Technik reicht so weit, als es darum geht, sich Dinge verfügbar zu machen. Doch in Kunstwerken unserer Zeit wird die Welt, werden die Dinge der Verfügbarkeit entrückt. Kunstwerke lassen einen Ort entstehen, wo die Dinge in ihrer Würde eingesetzt und in ihrem Eigenwert bewahrt werden.

Vielleicht wird die Bedeutsamkeit dieses Vorgangs den umso mehr treffen, der mit einem vom Geschehen der Eucharistie geformten Bewusstsein an die Kunstwerke herantritt. Wenn in der Feier der Eucharistie Brot, die „Gabe der Erde und menschlicher Arbeit“, gewandelt wird in den Leib Christi, so wird das Korn, sein Eingehen in die Erde, sein stilles Ruhen, sein Keimen und das Hochkommen der Pflanze, das dunkle Braun der Erde, das lichte Grün der sprießenden Saat, das Fallen des Regens und sein Einsickern ins Erdreich, das Strahlen der Sonne, unter dem das Korn sich still ins Goldgelb wandelt, das Wehen des Windes, der Wogen über Felder treibt, die Hilfe der Maschinen beim Mähen und Dreschen der Ähren, beim Mahlen des Korns, beim Anrichten des Teiges und beim Backen des Brotes, das vielfältige Tun der Menschen, ihr Arbeiten und ihr Können, so wird alles das hineingenommen in die Wirklichkeit Jesu Christi, es wird eins mit seinem Leib. Es wird in Jesus Christus hineinverwandelt, so wie die Luft, die ich atme, und die Nahrung, die ich zu mir nehme, hineinverwandelt werden in meinen Leib und teilhaben an seinem Aufbau.

In dem Wein, der gewandelt wird zum Blut des Herrn, hat Jahrtausende altes Wissen um die Pflege des Weinstocks und die Bereitung des Weines, hat das Leben vieler Generationen, ohne deren Mühen um die Bewahrung des Könnens man heute gar nicht mehr wüsste, worum es im Umgang mit Weinstock und Trauben geht, hat all das Anteil am Aufbau des Leibes Christi und findet darin seine Erfüllung.

Die bergende Erde und das sich entfaltende Leben der Pflanze vereinen sich mit dem Wirken der Menschen, all das wird heimgeführt zu Gott, der durch das Wirken seines Geistes die Materie am Aufbau des Leibes Christi teilhaben lässt und das Tun und Können der Menschen genauso wie ihr schweigendes Ruhen und ihr Leiden wandelt zum Leben des wachsenden Leibes Jesu Christi.

In der Feier der Eucharistie werden Brot und Wein und die Wirklichkeit der Welt, die mit diesen Dingen gegenwärtig ist, unserer Verfügbarkeit entzogen. Wir selbst entziehen diese Dinge der eigenen Verfügbarkeit, indem sie Gott dargebracht werden. Brot und Wein werden uns wieder geschenkt als Leib und Blut Christi, dazu bestimmt, unsere Nahrung zu sein. Die weite Wirklichkeit der Welt, der wir die einfachen Dinge Brot und Wein zu verdanken haben, nährt das Wachsen des Leibes Christi in uns. Dazu wird uns diese ganze Wirklichkeit in der Eucharistie neu geschenkt.

„Zeige deine Wunde!"

Auf meinen Wegen durch die Wiener Innenstadt komme ich oft am Stephansdom vorbei. An der Außenseite des Domes sind neben vielen Grabsteinen auch zwei Skulpturen eines Mannes in mittlerem Alter zu sehen. Er ist tödlich verwundet. Doch trotzdem ist er lebend dargestellt, vom Schmerz gezeichnet, aber lebend. Die Skulpturen stellen Jesus Christus dar, den Schmerzensmann. Die eine, eine Halbfigur, befindet sich in einer Nische an der Außenwand der Apsis. Sie wird der Zahnwehherrgott genannt. Die andere steht neben dem Singertor. Sie scheint fast zu tanzen, so weit ist der rechte Fuß vorgesetzt. Mit beiden Händen greift sich der Tanzende an die Brust und hält eine klaffende Wunde offen. Er zeigt sie. Beide Skulpturen sind etwa sechshundert Jahre alt, beeindruckende Arbeiten. Das Original des Zahnwehherrgotts wird im Inneren des Domes aufbewahrt, an der Außenseite steht eine Kopie. Aber das spielt ja keine Rolle. Mich erstaunt immer wieder, mit welcher Innigkeit hier an einem viel begangenen Ort der Schmerz dargestellt wird, mit welcher Offenheit die Wunde gezeigt wird. Dabei ist kein Vorwurf in den Figuren enthalten. Sie sind einfach da, ein Teil des öffentlichen Lebens.

Doch inmitten des öffentlichen Lebens der Gegenwart stehen diese beiden Gestalten wie Fremdkörper. Schmerz und Wunde werden heute nicht öffentlich gezeigt. In den Schaufenstern wird die Schönheit gefeiert. Auf den Straßen herrscht das Bemühen, mit den Bildern der

Schaufenster Schritt zu halten. Schmerz und Wunde können nur die Störung eines Bildes sein, das die Makellosigkeit der Haut preist. Alles soll bleiben, wie es ist. Die Schönheit der Schaufenster kennt keinen Wandel. Sie lebt in der Wiederkehr des immer Gleichen. Darin kennt sie kein Ende, keinen Schmerz, keine Wunde. Die meisten der Vorübergehenden werden mit dem Mann, der seine Wunde so offen zeigt, der so deutlich vom Schmerz gezeichnet ist, nichts mehr anfangen können. Was sollte mit ihm auch angefangen werden? Womit sollte ein Anfang gemacht werden? Vielleicht mit einer anderen Sicht auf das Leben, einer Sicht, die aufmerksam auf jene Bereiche achtet, die von den herrschenden Bildern verdeckt werden. Sicherlich zeigen die Medien Tag für Tag Bilder des Leidens. Es ist aber fremdes Leid, das schnell wieder hinter den herrschenden Bildern von Schönheit und Glanz verschwindet. Das Christentum hat schon lange nicht mehr die Kraft, diesen herrschenden Bildern andere entgegenzusetzen, Bilder einer anderen Wahrnehmung des Lebens, deren Größe und Innigkeit nicht übergangen werden kann. Es bleiben daher die alten Bilder.

Der Mann in der Ecke des Wiener Stephansdomes neben dem Singertor ist fast nackt. Er hat nur ein Lendentuch um seine Hüften. Erhöht auf einer Halbsäule stehend, ist er schon von weitem zu sehen.

Wie ein Bogen ist die Figur gespannt. Sie steht auf dem linken Bein. Das rechte hat sie leicht abgewinkelt, den Fuß vorgesetzt. Sie biegt sich in der Hüfte stark nach links. Der Kopf nimmt die Krümmung des Körpers auf.

Er ist etwas gedreht und nach vorne geneigt. Auf dem Haupt eine Dornenkrone, einem Zopf ähnlich. Beide Arme sind stark abgewinkelt. Die Hände fassen an eine große Wunde unterhalb der rechten Brust. Zeige- und Mittelfinger berühren die spitzen Enden der Wunde, halten sie offen. Die Öffnung sieht aus wie ein Mund, wie eine Scheide. Auch die Hände haben Wundmale.
Die Krümmung der Figur wird von den Falten des Lendentuchs betont. Alle Formen der Gestalt weisen auf die große Seitenwunde. Die gesamte Figur ist um diese Mitte versammelt. Kein Schmerz wird vorgeführt. Was sich zeigt, ist Zuwendung, gesammelt, still, innig, fast schon schmerzhaft nahe. All das hat etwas Leichtes, Schwebendes.
Diese Figur macht an einem der meisten belebten Plätze Wiens auf etwas aufmerksam. Eine Wunde kann zum Ursprung von Neuem werden. In der Buchmalerei des 13. Jahrhunderts wird die Geburt der Kirche aus der Seitenwunde Jesu dargestellt (*Bible moralisée*, Österreichische Nationalbibliothek). Daher diese Form der Wunde, einer Vulva ähnlich. Aus dieser Öffnung geht etwas hervor, wird etwas geboren. Etwas, das seinen Ursprung in der Liebe, der Hingabe Jesu Christi hat. Das Bild des Mannes und das Bild der Frau gehen hier ineinander.
Vielleicht wissen die Christen selber mit diesem gewaltigen Bild nicht mehr viel anzufangen. Jahrelang verschwand der Schmerzensmann immer wieder hinter Transparenten mit der Ankündigung von Domkonzerten. Das hat sich geändert. Dafür bin ich dankbar. Wenn

schon keine neuen Bilder erfunden werden, sollen doch die alten sichtbar bleiben.

Zeige deine Wunde. Joseph Beuys hat einer seiner Installationen diesen Titel gegeben. *Il dolore* nannte Giuseppe Ungaretti einen Band seiner wunderbaren Gedichte. *Dein Schweigen – meine Stimme* nannte Marie Luise Kaschnitz einen Band mit Gedichten, die 1958 bis 1961 nach dem Tod ihres Mannes entstanden sind. Und weiter zurück gehend denke ich an jene Worte, die Georg Büchner am 16. Februar 1837, drei Tage vor seinem Tod, zu einem Freund sprach: „Wir haben der Schmerzen nicht zu viel, wir haben ihrer zu wenig, denn durch den Schmerz gehen wir zu Gott ein!" Ich bin für diese Hinweise dankbar, da sie mich in einer an Betäubungsmitteln reichen Welt auf etwas aufmerksam machen.

Denn plötzlich bricht in diese Welt der Schmerz ein, und die Wunde ist offen. Ein Bekannter erzählt mir, dass ihn seine Frau nach zwanzig Jahren Ehe verlassen hat. Ein Musiker, der lange bei uns in der Jesuitenkirche gespielt hat, nimmt sich das Leben. Und zugleich stehen jetzt im Mai Sträucher und Bäume in voller Blüte, singen die Vögel. Ich selber bin in diesen Tagen viel damit beschäftigt, von Auferstehung zu sprechen, berufsbedingt, als Priester. Alles kehrt wieder, Jahr für Jahr.

Es wird schon irgendwie weiter gehen, glauben die Menschen. Mit der Wirtschaft, mit dem Wohlstand, mit der Sicherheit, mit dem Leben. Die Menschen leben weiter in der Wiederkehr des immer Gleichen. Doch für den Einzelnen kann es plötzlich vorbei sein. Wer den Tod oder den Weggang eines Menschen erleidet, kommt an

ein Ende. Gibt es dort, wo alles vorbei ist, noch etwas zu entdecken? Zuerst ist alles aus. Und dann?
Es heißt, ein Christ habe den Tod hinter sich und die Liebe vor sich. Das klingt sehr schön, setzt aber voraus, dass die Liebe aus dem Nichts erstehen kann, etwas völlig Neues, noch nie da Gewesenes. Keine Wiederholung. Keine Wiederkehr des immer Gleichen. Gibt es das? Die Musik nach dem Ende? Sie müsste dann anders sein. Beziehungen müssten anders gelebt werden, Kunstwerke anders aussehen und Priester anders sprechen. In jeder Begegnung müsste das Staunen darüber mitschwingen, dass der Andere da ist. Die Blumen, die Bäume, alles immer neu. Die Liebe schafft alles neu. Die Frage ist bloß, ob der Einzelne den Mut hat, sie von jenseits des Endes zu erwarten.
Ich brauche Bilder, die mich an eine Grenze führen, wo ein Ende sichtbar wird. Und wo zugleich etwas wahrnehmbar wird, das mich durch dieses Ende hindurch erreicht, mich anspricht. Dichtung und Kunst haben solche Bilder geschaffen. Sie zeigen, dass ein Ende ein Ende ist, nicht beschönigt werden darf. Sie zeigen auch, dass mir durch dieses Ende etwas Kostbares und Neues begegnen kann. Es gibt einen Blick und es gibt eine Sprache, welche meine Welt von jenseits eines möglichen Endes erreichen. Ihren Ursprung haben sie im Glauben. Aber sie sind heute oft dort zu finden, wo vom Glauben gar nicht groß die Rede ist. Auch dafür bin ich dankbar, sehr dankbar. Zeige deine Wunde. Dort ist der Ursprung des Neuen.

Nebenbei bemerkt

Nebenbemerkungen, scheinbare Nebensächlichkeiten können ein Leben entscheidend verändern. Sie eröffnen neue Zugänge zu schon längst Bekanntem, und manchmal führen sie zu richtigen Entdeckungen. Was nützen mir die längst bekannten großen Werke der Kunst, der Literatur, der Musik, solange ich nicht erkannt habe: Das hat mit mir zu tun, mit meinem Leben; das alles enthält eine Botschaft für mich, einen Anspruch an mich. So ist es auch mit dem Glauben, mit Gott. Solange mir nicht aufgegangen ist, dass Gott mit meinem Leben zu tun hat, mit mir in all meiner Alltäglichkeit, bleibt er mir fremd. Er ist etwas außerhalb meiner Welt. „Wie finde ich einen gnädigen Gott?“ war die Frage Martin Luthers. Ja, wie finde ich ihn? – kann heute noch immer gefragt werden. Doch da gibt es nichts zu finden. Diese Antwort wird heute vielfach gegeben. Sie hat etwas Richtiges. Denn nicht ich zuerst finde Gott, sondern er findet mich. Bevor ich mich auf die Suche nach Gott mache, hat Gott sich schon auf die Suche nach mir gemacht. Ich finde mich vor als ein von Gott Gesuchter und Gefundener. Die Frage ist bloß, ob ich mich finden lasse. Nehme ich mich als ein „Fundstück“ wahr und vertraue ich mich diesem suchenden Gott an, oder verweigere ich mich ihm?

Am Ende der ersten Betrachtung der *Geistlichen Übungen* des Ignatius von Loyola soll der Betrachtende ein Gespräch halten:

„Indem man sich Christus, unseren Herrn, vorstellt, vor

einem ans Kreuz geheftet, ein Gespräch halten: Wie er als Schöpfer gekommen ist, Mensch zu werden, und von ewigem Leben zu zeitlichem Tod, und so für meine Sünden zu sterben. Wiederum das gleiche, indem ich mich selbst anschaue: das, was ich für Christus getan habe; das, was ich für Christus tue; das, was ich für Christus tun soll. Und indem ich so ihn derartig sehe und so am Kreuz hängend, über das nachdenken, was sich anbietet." (Ignatius von Loyola, *Geistliche Übungen, Nr. 53*)

Der Text ist in der ersten Hälfte des 16. Jahrhunderts entstanden, eben in der Zeit, als auch Martin Luther seine Frage nach dem gnädigen Gott stellte. Das ganze Gewicht dieses Textes hängt an einer scheinbaren Nebensächlichkeit: „für meine Sünden". Christus stirbt für mich, für meine Sünden. Der Schöpfer wird Mensch, er kommt aus dem ewigen Leben in den zeitlichen Tod, er stirbt am Kreuz, und das alles für mich. Nicht meine Größe, meine Bedeutung, meine Verdienste haben ihn dazu bewegt, sondern er tut das alles „für meine Sünden". Hier schwingt etwas Unfassbares mit.

Angesichts dieses Jesus aus Nazareth kann ich erkennen, dass ich von Gott in all meiner Fehlerhaftigkeit, in meiner Schuldverstricktheit angenommen bin. Und nicht nur angenommen, mehr noch, ich werde geliebt. Gott macht sich auf die Suche nach mir. Gott ist um mich bemüht. Bevor ich Gott finden kann, bin ich schon von ihm gefunden. Gott finden bedeutet daher für mich, diesem mich liebenden und mich suchenden Gott mit Glauben, mit Vertrauen zu antworten. Glauben und Vertrauen werden nicht eingefordert und nicht abverlangt.

Se non so guardare
un gatto . . .

Sie werden in mir durch das Entgegenkommen Gottes wachgerufen. Ich kann mich aber auch verweigern. Ich kann mich in eine wilde Geschäftigkeit stürzen. Oder ich kann mich fragen, was ich für diesen Gott getan habe, tue und tun soll, als Antwort auf sein Tun mir gegenüber. Vor über zwei Jahrzehnten war in der *Neuen Zürcher Zeitung* ein Beitrag von Hans Weder zu lesen, *Die Entdeckung des Glaubens im Neuen Testament* (NZZ, 12. Mai 1989, 41, 42). Auch hier gab es eine Nebenbemerkung, den Hinweis auf eine unscheinbar wirkende Bemerkung im Markusevangelium. Dort, Mk 2,1-12, wird berichtet, dass Jesus in einem Haus in Kapharnaum lehrt. Es sind so viele Menschen versammelt, dass selbst vor der Tür kein Platz mehr ist. Da bringen vier Männer einen Gelähmten auf einer Bahre. Sie wollen ihn zu Jesus bringen. Als sie sehen, dass sie wegen der Menge nicht zu ihm kommen können, steigen sie auf das Dach, schlagen ein Loch und lassen den Gelähmten zu Jesus hinunter. Und dann heißt es in der Erzählung: „Als Jesus ihren Glauben sah ...".

Eine scheinbar nebensächliche Bemerkung, die aber für Hans Weder besondere Beachtung verdient. Er schreibt: „Was sah Jesus eigentlich? Er sah, dass die vier mit größter Entschlossenheit seine Nähe suchten. Er sah, dass sie alles taten, um die Hindernisse zwischen ihm und dem Kranken aus dem Weg zu räumen. Weil sie wussten, dass sie nichts für die Rettung des Gelähmten tun konnten, taten sie alles, um ihn zum rettenden Jesus zu bringen. Das sah Jesus, und das nannte er ihren Glauben. Glaube heißt, die Nähe des Rettenden suchen. Glaube heißt, die

eigene Ohnmacht erkennen, um Hilfebedürftige in die Nähe dessen zu bringen, der helfen kann.
Was hat Jesus mit dem Glauben zu tun? Zunächst das, dass er ihn diesen vier Trägern zuerkennt. Jesus sah den Glauben hinein in ihr gewiss mehrdeutiges Verhalten. … Das Verhalten der vier ist mehrdeutig wie alles Menschliche. Diese Mehrdeutigkeit überwindet Jesus, indem er ihnen Glauben zugesteht."

Diese Deutung der kleinen Bemerkung des Markusevangeliums hat mir sehr geholfen. Glaube ist nicht etwas, das in ganz bestimmten Ausdrucksweisen vorliegt und eindeutig zu identifizieren wäre. Glaube verbirgt sich im mehrdeutigen Tun der Menschen und muss in ihm entdeckt werden. Wenn ich mit den Augen Jesu auf die gegenwärtige Welt blicke, werde ich vielfach das Tun des Glaubens wahrnehmen. Ich kann das erlernen, wenn ich mich vom Reden und Tun Jesu ansprechen lasse und ihm Vertrauen schenke.

Hans Weder schreibt dazu: „Jesus hat weiter insofern mit dem Glauben zu tun, als er diesen vieren Glauben entlockt, durch sein bloßes Dasein zunächst und dann auch durch seine Macht, zu heilen. Glaube ist – so erkenne ich daran – keine subjektive menschliche Möglichkeit, keine seelische Tätigkeit, wozu ich mich selbst aufschwingen könnte. Glaube entsteht, wo das Rettende erscheint. Glaube muss mir zugespielt werden, so wie das Lachen mir durch den Witz zugespielt wird, oder der Tanz durch die Musik."

Jesus spielt durch seine Worte und sein Tun, durch seine Deutung menschlichen Verhaltens den Glauben zu. Er lockt ihn aus mir heraus. Ich kann mich diesem Spiel auch verweigern. Ich halte den Mund fest geschlossen, dass mir bloß kein Lachen entschlüpft. Ich bleibe krampfhaft stehen, um nur ja nicht in den Takt der Musik einzustimmen. Ich kann mich einem Reichtum gegenüber, der in mir wachgerufen werden kann, der in mir zu entdecken ist, verschließen. Für mich ist Gott Mensch geworden, für mich stirbt er am Kreuz, für mich ersteht er von den Toten. Für mich, den Sünder, ist das geschehen. Heilung bedeutet, dass ich mich diesem Gott anvertraue. Dieses Vertrauen wird nicht erzwungen. Es wird mir durch das Bemühen Gottes um mich ermöglicht.

Gott wird Mensch „für mich", er entlockt mir den Glauben, spielt ihn mir zu. Dieses Bemühen um den Einzelnen scheint völlig nebensächlich angesichts der Nöte der Welt. Diese Suche nach mir, dem winzigen Teil in einer unfassbar großen Masse, scheint unbedeutend. Inmitten des Lärms der Welt und der Brutalität, mit der Macht ausgeübt wird, etwas nicht durchsetzen oder aufzwingen zu wollen, sondern spielerisch dem anderen zu entlocken, scheint ganz und gar unwirklich zu sein. Und doch, wenn ich die Bibel aufmerksam lese, merke ich, dass Gott nicht anders wirkt, auch schon im Alten Testament. Ich merke, dass mir in all diesen Texten etwas zugespielt wird, etwas sehr Einfaches. Gott ist auf der Suche nach dem Menschen, er ist es, der sich dem Menschen anvertraut, und das Vertrauen des Menschen ist eine Antwort darauf. Und dieser Mensch, das bin ich. Das muss ich entdecken. Nebenbemerkungen können dazu sehr helfen. Für sie bin ich dankbar.

Gott sei Dank!

Ich begegne jemandem, auf der Straße, bei einer Veranstaltung oder sonst irgendwo. Normalerweise werde ich gefragt: „Wie geht es dir?" „Gut", sage ich, denn normalerweise geht es mir gut. „Alles läuft gut", und ich füge fast immer an: „Gott sei Dank!" Ich wundere mich nämlich immer wieder darüber, dass alles so gut geht. Mein Verdienst ist das nicht, das weiß ich. Es ist auch nicht das Ergebnis meines Einsatzes oder gar meines Fleißes. Es spielt etwas anderes mit. Ich kann es ja nicht einfach machen, dass viele Menschen helfen, Zeit und auch Geld zur Verfügung stellen, damit das möglich wird, worum auch ich mich bemühe. Die besondere Atmosphäre der Wiener Jesuitenkirche etwa und der Feiern in diesem Raum, oder viele Projekte mit Künstlerinnen und Künstlern.

„Gott sei Dank" – Was meine ich, wenn ich das sage? Ich sage es nicht aus Gewohnheit oder als pure Floskel. Ich weiß auch, dass ich vielen zu danken habe für das, was geschieht. Doch der Dank Gott gegenüber ist tiefer. In öffentlichen Aussagen scheint er völlig verloren gegangen zu sein. Kirchenleute sprechen noch manchmal so. Aber dass ein hoher Politiker nach mühsamen Verhandlungen öffentlich Gott dankt, das hat es schon lange nicht mehr gegeben. Die um sich greifende Hektik lässt es zweifelhaft erscheinen, ob außer der eigenen Betriebsamkeit auch noch das Wirken einer anderen Kraft wahrgenommen wird. Hat Gott noch etwas zu bedeuten?

Oder anders gesagt, wird sein Wirken noch ersehnt, herbeigerufen, erfleht? Eher nicht. Und das macht die Wahrnehmung der Wirklichkeit so flach, so bedauernswert eng.
Die Zeiten, in denen die Hilfe Gottes von gegnerischen Parteien jeweils für die eigenen Zwecke in Anspruch genommen wurde, sind vorbei. Dort, wo es noch geschieht, wird das Verfehlte dieser Vereinnahmung von selbst deutlich. Gott sei Dank! Wie kann Gott für Eigennutz und Eigeninteresse in Beschlag genommen werden, noch dazu, wenn die Bestrebungen mit Gewalt verbunden sind? In der Bibel ist von einem Gott die Rede, der sein auserwähltes Volk auch mit Gewalt zum Sieg führte. Allerdings nur, wenn sich das Volk ihm anvertraute. Und wer weiter liest und tiefer hineinliest in die Bibel, der wird entdecken, dass Gott nicht nur um ein Volk bemüht ist, sondern um alle Völker, alle Menschen. Was dem einen Volk Israel gilt, das soll auf alle ausstrahlen. „ ... das Heil kommt von den Juden“ (Joh 4,22) sagt Jesus zu einer samaritischen Frau am Jakobsbrunnen. Gott geht seine eigenen Wege. Sein Wirken wird durch Menschen vermittelt. Ich muss bereit sein, es mir durch Menschen schenken zu lassen. Das heißt, ich muss auch die Menschen annehmen, ihnen mit Aufmerksamkeit und Achtung begegnen. Gott wirkt durch alle Menschen guten Willens. Ja auch durch die anderen.
Wie lässt sich das Wirken Gottes wahrnehmen? Vor allem dadurch, dass ich es ersehne, herbeirufe, erflehe. Das Wirken Gottes bleibt dort verborgen, wo ihm keine Aufmerksamkeit entgegengebracht wird, wo es gar nicht

gesucht wird. Wenn es aber gesucht wird, dann ist es überall zu finden. Wie wenig ist die Hilfe, die ich von anderen erfahre, durch das zu erklären, was ich für sie mache! Wie weit übertrifft das Gute eines jeden Tages das, was ich durch meine bescheidenen Bemühungen erwarten könnte! Wie vieles geschieht zufällig, fällt mir zu wie ein Geschenk! Wenn ich auf das schaue, was Menschen vor uns gemacht haben, was sie hinterlassen haben, welche Schätze daher unser Leben bereichern. Thomas Bernhard stellt das in *Alte Meister* so wunderbar dar. Oder wenn ich darauf achte, was die Natur hervorbringt, wie sie unser Leben trägt, fördert, ermöglicht. Wie wunderbar das Zusammenspiel in meinem Körper ist, unfassbar die Vorgänge, denen ich mein Bewusstsein, mein Denken, die Gesundheit des Körpers verdanke. Und selbst wenn ich nicht gesund bin, wenn Dinge misslingen, wenn ich scheitere – wie oft erfahre ich, dass all das doch dazu beigetragen hat, mich reifer, weiter, offener werden zu lassen.

Wie komme ich aber darauf, dass Gott in all dem am Werk sein könnte? Wie komme ich zu der Vorstellung, dass Gott um mich persönlich bemüht ist? Die Bibel zeigt, dass die Zuwendung Gottes nicht nur dem Volk gilt, sie gilt letztlich dem einzelnen Menschen. In Jesus Christus hat dieses Bemühen Gottes um den Menschen eine einmalige Gestalt angenommen. Gott wird Mensch. Er bemüht sich um den Menschen in der Weise eines Dieners, eines Sklaven: „ … er entäußerte sich und wurde wie ein Sklave und den Menschen gleich. Sein Leben war das eines Menschen.“ (Phil 2,7) Dieser Hymnus im Brief

an die Philipper hat mich vor langer Zeit schon ergriffen. Wenn es mit Gott so ist, wie könnten wir an dieser Wirklichkeit vorbei leben, wie könnten wir diese ungeheure Wahrheit nicht zur Grundlage unseres Lebens machen. Wenn ich das, was hier gesagt wird, ernst nehme, wenn ich mich diesen Worten anvertraue, dann hat das Leben für mich ein anderes Gewicht. Dann weiß ich, dass Gott in allem und überall um mich bemüht ist. Dann weiß ich auch, dass dieses Bemühen nicht nur mir gilt, sondern allen Menschen, denen, die mir nahe stehen und denen, die mir fremd sind. Unser aller Leben wird getragen von einer tiefen und alles durchdringenden Liebe. Wo das Bewusstsein dafür verloren geht, dort wandert alles ins Oberflächliche und Langweilige. Eben das ist unsere Gefahr.
Gott wirkt auch ohne unser Zutun. Er wirkt auch dort, wo es gar nicht wahrgenommen wird. Einer Kultur, die dieses Wirken aber nicht mehr erkennt, es nicht mehr feiert, einer solchen Kultur fehlt eine wesentliche Dimension. Aber vielleicht fehlt uns bloß die Sprache. Wie viele einfache Dinge, die früher selbstverständlich waren, müssen wir heute wieder neu lernen. Dazu gehört auch die Wahrnehmung der Gegenwart Gottes. Sie zeigt sich in all dem, was unser Leben trägt und ermöglicht, in all dem, was durch uns und für uns geschieht, im Schönen wie im Schweren. Wenn ich das erkennen kann, geht es mir gut. Gott sei Dank!

Aus sich heraus gehen

Möglicherweise hängt der Schwund der Dankbarkeit heute mit dem Schwund des Glaubens zusammen. Oder, besser gesagt, nicht mit einem schwindenden Glauben, sondern mit einem ganz merkwürdigen Verschwinden des Glaubens aus dem öffentlichen Leben. Mit Glauben meine ich das ausdrückliche Bekenntnis zum Dreifaltigen Gott, zum Schöpfer, zum Mensch gewordenen Sohn Gottes und zum Heiligen Geist und das Vertrauen in diesen Gott. Oder den Glauben des jüdischen Volks an den Gott Abrahams, Isaaks und Jakobs. Oder den Glauben der Muslime an den einen Gott.

Während sich Religion heute mit mächtigem Anspruch öffentlich bemerkbar macht, tritt der Glaube stark in den Hintergrund. Religiöse Motive können Menschen zu Gewalttaten bewegen. Wer aber seinem Gott im Glauben verbunden ist, wer sich Gott anvertraut, der wird anderen Menschen nicht Böses tun. Religion kann zu wildem Eifer führen, zu selbstgerechter Überheblichkeit. Glaube führt zum Dank. Und Dank ist sehr eng mit Glauben verbunden. Wofür bin ich Gott dankbar? In der Bibel erfahre ich von seinem unermüdlichen Bemühen um die Menschen. Im Besonderen erfahre ich von seinem Bemühen um das auserwählte Volk, Israel, das immer wieder untreu wurde, dem jedoch Gott nie die Treue aufgekündigt hat. Diese Geschichte hat etwas Atemberaubendes. Sie ist zutiefst menschlich und auf wunderbare Weise göttlich zugleich. Wer sie liest, erfährt viel über den Menschen. Und er erfährt viel über den unerschöpflichen Erfindungsreichtum Gottes, eine Kreativität, die alle Grenzen sprengt. Die Bibel macht mich zum Zeugen einer großen Liebesgeschichte. Über das Volk Israel wird die Liebe Gottes schließlich ausgeweitet auf alle Menschen.

Ohne Faszination würde ich nicht glauben. Furcht oder Schrecken sind mir zu wenig, sie würden mich eher abhalten. Aber die Schönheit, die Poesie, der Zauber, das Geheimnisvolle und Wunderbare Gottes, das fasziniert mich, das zieht mich an, dem vertraue ich mich an. Mich fasziniert, dass Gott Mensch geworden ist, und wie er Mensch geworden ist.

Ich hätte kein Problem, einen Gott im Himmel fern von uns anzuerkennen, einen Gott, der zu respektieren ist wie ein ferner Souverän, der uns aber völlig in Ruhe lässt. Ruhe ist hier wohl nicht der richtige Ausdruck. Denn ich empfinde den Zustand der Welt eher katastrophal, gezeichnet von Unrecht und Gewalt, von ständiger Bedrohung, permanenter Unsicherheit und einem sicheren Tod. Es gibt Inseln des Glücks. Wer aber ein bisschen über seinen engen eigenen Bereich hinausschaut, sieht, dass eigenes Glück erkauft ist durch Achtlosigkeit gegenüber fremdem Unglück. Wer hier zur Ruhe kommt, ist bloß zu faul oder unwillens, über die eigenen vier Wände hinauszusehen.

Dass sich ein Gott, der es doch in seinem Himmel so schön hat, in diese Welt hineinbegibt und sich auf die Suche nach dem Menschen macht, ist mir unbegreiflich. Das Ganze hat bei mir einen biografischen Hintergrund.

Ich bin auf der Festung Hohensalzburg aufgewachsen und habe dort achtundzwanzig Jahre gelebt. Jahr für Jahr kommen Millionen Menschen aus aller Welt nach Salzburg, um die einmalige Schönheit der Stadt und ihrer Umgebung zu erleben. Dort, wohin diese Menschen oft von weither kommen, wo sie einige ihrer kostbaren Urlaubstage verbringen und wohin viele auch immer wieder zurückkehren, gerade dort habe ich gelebt. Noch dazu an einem der schönsten Orte dieser Stadt, hoch über ihr, all das Schöne um mich ausgebreitet, immer da, immer gegenwärtig, immer zu genießen. So habe ich mir die Zukunft vorgestellt: In Schönheit leben. Es ist dann ganz anders gekommen. Die Welt des Schreckens und des Todes ist in meine schöne kleine Welt eingebrochen. Damals habe ich begonnen, heftig nach dem Glauben zu suchen.

Wer nicht heftig begehrt, findet nichts. Und mir ist nach und nach zu meinem Erstaunen eine ganz neue und andere Schönheit aufgegangen. Die Schönheit eines Gottes, der sich vom Blick auf die Welt dazu bewegen lässt, aus sich heraus zu gehen, Mensch zu werden und in diese Welt einzugehen. Der sich aus Liebe ausliefert. Dieser Weg Gottes, diese Ekstase seiner Menschwerdung hat mich schließlich so fasziniert, dass ich mitgehen wollte. Nicht in der eigenen Schönheit bleiben, sondern aus ihr aufbrechen, um mich auf den Weg zum anderen Menschen zu machen, und das ein ganzes Leben lang.

Ich habe so eine völlig andere Schönheit entdeckt. Die Erfahrung der Menschwerdung Gottes, die Erfahrung eines Gottes, der aus Liebe zu mir und zu einem jeden

Menschen seinen Himmel verlässt, aus seiner Schönheit auszieht und zu mir in meine Welt kommt, diese Erfahrung erfüllt mich mit einer tiefen und dauernden Dankbarkeit. Aus dieser Dankbarkeit bleibe ich nicht in meiner Welt, sondern breche aus ihr auf, um mich auf die Suche nach dem anderen zu machen, mich um ihn zu bemühen.

Mich bewegt die Faszination durch Gott und die Faszination durch den anderen. Dort, wo nichts Schönes schien, hat sich nach und nach eine ungeahnte und unerwartete Schönheit aufgetan. All das erfüllt mich mit Dankbarkeit. Und dieser Dank trägt den Glauben. Er gibt ihm Gestalt, die öffentlich wahrnehmbar ist.

Wie entkomme ich dem Wunsch, besser als die anderen sein zu wollen?

Unter den vielen Dankgebeten der Bibel ist eines besonders merkwürdig. Da steht ein Pharisäer, also der Angehörige einer gebildeten und besonders korrekten Schicht der Juden, im Tempel und betet: „Gott, ich danke dir, dass ich nicht bin wie die anderen Menschen: Räuber, Betrüger, Ehebrecher oder auch wie dieser Zöllner dort. Ich faste zweimal in der Woche und gebe dem Tempel den zehnten Teil meines ganzen Einkommens." Der erwähnte Zöllner, Angehöriger einer übel beleumdeten Ausbeutergruppe, steht nicht wie der Pharisäer ganz vorne, sondern weit entfernt in einem Winkel. Er wagt gar nicht aufzublicken, „sondern schlug sich an die Brust und betete: Gott, sei mir Sünder gnädig". (Lk 18,9-14)
Gott, ich danke dir, dass ich nicht so bin wie die anderen Menschen. Das klassische Dankgebet derer, die es zu etwas gebracht haben, die korrekt die Regeln der Gesellschaft einhalten, die wissen, was sich gehört. Es gibt die anderen Menschen, oder wie es wörtlich übersetzt heißt, die übrig gebliebenen, die zurückgelassenen. Es gibt immer welche, die nicht mitkommen, nicht mithalten können im Rennen um den besseren Platz. Sie werden zurückgelassen, niemand kümmert sich um sie. Sie verschwinden aus dem Blickfeld derer, die vorne stehen. Nur noch als Hintergrund, von dem sich das Eigene ein-

drucksvoll abhebt, kommen sie in der Welt der Gewinner vor. Gott sei Dank bin ich nicht so wie diese anderen, die Versager und Asozialen, wie alle, die nicht den Regeln folgen.

Der Dank in dieser Form wird häufig gepflegt. Heute werden sich die Dankenden nicht mehr an Gott wenden, das ist außer Mode geraten. Aber es gibt Gleichgesinnte, Kollegen, Sitznachbarn. Denen kann man nicht genug von dem mitteilen, was einen von den anderen unterscheidet. Es ist vor allem die eigene Wichtigkeit, die einen Unterschied macht. Die übrigen sind ja matte Leuchten neben dem Glanz der eigenen Bedeutsamkeit. Weil es viele Bereiche gibt, in denen jemand bedeutend sein kann, kommt es normalerweise zu keinen Konkurrenzen. In einer Gesellschaft von Wichtigen versichern sich die einzelnen gegenseitig, wie hervorragend sie sind. Alles das lässt im Stillen der Seele dann einen Dank gedeihen, der sich vom Bewusstsein nährt, nicht so zu sein, wie die anderen. Nein, man hat es zu etwas gebracht.

Freilich, wer auch nur einen Schritt zurücktritt, wird merken, dass hier etwas nicht stimmt. Hier hat sich eine Gruppe von Menschen eine kleine Welt gebastelt. Nach ihren eigenen Vorstellungen haben sie festgelegt, was wichtig ist und was nicht. Sie haben Grenzen gezogen. Was sich jenseits der Grenzen befindet, ist minderwertig, schlecht, inakzeptabel. Und das ist viel. Das Opfer dieser Grenzziehungen sind Welt und Gott. Niemand macht sich auf die Suche nach dem Fremden, nach der Vielfalt der Welt wird nicht mehr gefragt. Niemand bricht auf, um den unbekannten Gott im Dunkel von Zweifeln und

Nöten zu suchen. Nach dem fremden Gott wird gar nicht mehr gefragt.
Im Inneren der kleinen Welten merkt jedoch niemand etwas von der eigenen Enge. Niemand ahnt, um welchen Preis die Sicherheit im Eigenen, die Gewissheit der Überlegenheit allen anderen gegenüber erkauft wurde. Oft sind es schmerzliche Verluste, ein Unglück oder das Zerbrechen der Sicherheiten, die das für selbstverständlich gehaltene in Frage stellen. Doch was kommt dann? Wie soll ich solche Erfahrungen als Chance zu einer neuen Sicht der Dinge auffassen, wenn ich um mich herum nur eine Welt von verachtenswerten Übrigen aufgebaut habe? Es käme darauf an, in diesen Übrigen, in diesen Anderen etwas zu entdecken. Sicher ist es zuviel verlangt, von jemandem Dankbarkeit dafür zu erwarten, dass die Grenzen seiner Welt aufgebrochen wurden. Aber es wäre schon einmal viel damit erreicht, nicht ständig bloß für das Eigene dankbar zu sein. Dann könnte ich ja auch damit beginnen, für das Andere, das Fremde zu danken und mich darum zu bemühen. Was geschähe, wenn der Pharisäer im Tempel auch für die Gegenwart des Zöllners dankbar wäre? Was wäre, wenn er sich gemeinsam mit ihm in einem Raum wahrnimmt, und wenn er für diese gemeinsame Gegenwart dankbar wäre? Beide stünden, so verschieden sie auch sind, gemeinsam vor Gott. Warum aber sollte man dankbar sein? Möglicherweise, weil einer den anderen aus seiner engen Welt herausholt. Weil einer dem anderen helfen kann, frei zu werden für die Gegenwart des unfassbaren Gottes. Wird aber dieser Gott überhaupt noch gesucht?

Meister Eckhart weist in einer seiner Predigten darauf hin, dass es Dinge gibt, die um eines Nutzens willen gesucht werden, der außerhalb dieser Dinge liegt. Ich esse etwa, damit ich Kraft habe. Anderes dagegen wird um seiner selbst willen gesucht. Meister Eckhart spricht von „minnen", also der liebenden Zuwendung, der sehnsuchtsvollen Suche aus Liebe. „Wer einen guten Menschen fragte: „Warum minnest du Gott?" der würde die Antwort erhalten: „Ich weiß nicht, – weil er eben Gott ist." – „Warum minnest du Wahrheit?" – „Der Wahrheit wegen." – „Warum minnest du Gerechtigkeit?" – „Der Gerechtigkeit wegen." – „Warum minnest du Güte?" – „Der Güte wegen." – „Und warum lebst du?" – „Meiner Treu, ich weiß es nicht, – ich lebe gerne!"
Das Eigenartige an diesem Text ist die Wendung am Schluss: Ich lebe gerne. Aber wie kommt es dazu, dass ich gerne lebe? Wie viele wünschen sich, das sagen zu können, in dieser Unmittelbarkeit und Offenheit. Gerne leben wird nach Meister Eckhart jemand, der in seinem Leben etwas um seiner selbst willen sucht. Der nicht ausschließlich darauf aus ist, etwas um eines Nutzens willen zu verfolgen, der außerhalb der Sache liegt. Der oben erwähnte Pharisäer betreibt alles um eines Nutzens willen, den er festgelegt hat, zu dem ihm die Dinge verhelfen müssen. Er und seine Kollegen zu jeder Zeit machen die ganze Welt zur Geisel ihrer eigenen Wünsche. Alles, was es gibt, wird danach beurteilt, ob es mir hilft, meine Vorstellungen zu verwirklichen. Was dazu nicht beiträgt, ist das andere, sind die übrigen. Von ihnen setzen sie sich ab. Sie danken, dass sie nicht so sind, wie jene übrigen.

Wahrscheinlich würden sie alle die Frage, ob sie gerne leben, bejahen. Sie haben ja alles. Was aber, wenn ihnen das genommen wird, was sie haben?
Es gibt eine andere Möglichkeit. Es gibt Wirklichkeiten, die um ihrer selbst willen gesucht werden wollen. Sie locken mich aus der Welt meiner Vorstellungen heraus. Ich suche sie nicht, um für mich etwas zu haben. Ich suche sie, weil mein Leben in Beziehung zu diesen Wirklichkeiten eine Weite bekommt, die es aus aller selbstverschuldeten Enge herausführt. Ich entdecke, dass ich auf dieser Suche nicht allein bin. Andere sind mit mir im Raum. Ich entdecke, dass mich diese Suche zu anderen Menschen und in andere Welten führt. Jeder Verlust wandelt sich in Gewinn. Ich bin dankbar. Ich lebe gerne.

Mut zur Faulheit

Faulheit wird heute nicht sehr geschätzt. Ganz im Gegenteil. Die Faulen, das sind die Sozialschmarotzer. Sie hängen den anderen an der Tasche. Untätig schwindeln sie sich durchs Leben. Ganz anders dagegen die Fleißigen. Sie sind angesehen und werden gesucht. Sie tragen zum gemeinsamen Wohlstand bei. Die Fleißigen sind die Leute unserer Zeit. Sie vermehren durch ihren Fleiß das bereits Vorhandene. Sie produzieren nicht nur fleißig, sie sind auch im Konsumieren von vorbildlichem Fleiß. Die Frau eines fleißigen Mannes ist zu beglückwünschen und ebenso der Mann einer fleißigen Frau. Durch zahlreiche Beschäftigungen werden auch die Kinder an den Fleiß gewöhnt.

Wird hier nicht etwas übersehen? Könnte es nicht sein, dass dem alles beherrschenden Fleiß im Stumpfsinn ein ungebetener Bruder heranwächst? Vielleicht nicht einmal ungebeten, denn diejenigen, die ein Interesse an fleißigen Menschen haben, sind auch an stumpfsinnigen Menschen interessiert. Sie eignen sich vorzüglich für das Spiel von Produzieren und Konsumieren, das heute den Alltag vieler Menschen beherrscht.

Die Alternative zum Fleiß ist die Faulheit. Aus der Sicht der Fleißigen sind alle Untätigen faul. Faul sind alle, die kein Ergebnis vorzuweisen haben, die nichts erzeugen, die dasitzen und warten. Apropos warten: Könnte es nicht sein, dass gerade heute eine bestimmte Form von Faulheit dringend notwendig ist? Jene nämlich, die das

Nichtstun bewusst betreibt, das Warten, das Schweigen, das Stillhalten, das Ruhen. Warten, Schweigen, Stillhalten und Ruhen sind heute nicht sehr beliebt. Wer sich nämlich darauf einlässt, wird die Hohlheit eines auf Produzieren und Konsumieren begrenzten Lebens einsehen. Er oder sie wird einsehen, dass es im Leben noch etwas ganz anderes zu entdecken gibt, als das durch unentwegten Fleiß Hervorgebrachte.

Da ist das weite Reich der Natur, alles nicht von Menschen Erzeugte: Steine, Erde, Wasser, Luft, Feuer, Licht, Pflanzen, Tiere, Menschen. Da ist auch das von Menschen Erzeugte, die Vielfalt des Geräts, der Dinge und Gegenstände, Nahrung, Literatur, Musik, Kunst. Wer all das nur schnell gebraucht und konsumiert, nimmt es ja gar nicht wahr. Wer in seinem Bemühen um die Bewahrung, die Erhaltung, die Herstellung der Dinge nur von einem zum anderen hastet, nimmt nicht mehr wahr, worum er eigentlich bemüht ist. Wer bereit ist zur Ruhe, zum Innehalten, zur stillen Schau, zur Aufmerksamkeit, wird einen bisher übersehenen Reichtum entdecken. Er ist vor mir ausgebreitet, ich muss ihn nur entdecken.

Auffallend ist für mich, dass in vielen Kunstwerken des 20. Jahrhunderts und der Gegenwart eine Leere geschaffen wird. Diese Werke, Malerei, Bildhauerei, Musik, Medienkunst, konfrontieren mich mit etwas, dem ich im Alltag eher zu entkommen suche. Sie rücken mich in die Gegenwart einer Leere und Stille. Sie fordern mich auf, zu bleiben. Wenn ich sie erkennen will, muss ich bleiben und mich dieser Leere und Stille aussetzen. In der Literatur, der Musik und bei Filmen und Videoarbeiten ist das deutlicher als bei Malerei und Bildhauerei. Aber Malereien und Skulpturen sind nicht weniger anspruchsvoll. All das fordert viel Zeit. Es braucht Stille. Es braucht Menschen, die dem Gestalteten die Chance einräumen, sich zu zeigen, sich darzustellen.

Bei all dem geht es darum, zu erkennen, dass mir etwas entgegenkommt, dass sich mir etwas offenbart. Was gibt sich zu erkennen? Die Reinheit eines Klangs, das Besondere eines Geräusches, das Erstaunliche einer Farbe oder einer Form, das Wunderbare der Materie. Früher einmal, in den alten Kirchen, waren es Heilige, Engel und Gott, die sich zeigten. Heute offenbaren sich die oft übersehenen Dinge des Alltags. All das, was nur unter dem Gesichtspunkt der Nützlichkeit betrachtet wurde, gibt sich von einer ganz anderen Seite zu erkennen. Mit einem Mal kann klar werden, dass wir von Wundern umgeben sind, ohne es jemals bemerkt zu haben. Dass Gott, Engel und Heilige im Unsichtbaren bleiben, dass sie sich dem Zugriff der sinnlichen Wahrnehmung entzogen haben, ist nur recht. Sie sind auf andere Weise gegenwärtig. Im Wunder des Wahrnehmbaren kann ich das Entgegenkommen Gottes immer noch und vielleicht viel erstaunlicher entdecken. Mit einem Mal werden die Dinge der Welt kostbar, wie sie es nie zuvor waren.

Während meines Theologiestudiums hat mich ein Mitbruder auf eine kleine indische Geschichte aufmerksam gemacht. Sie ist mir in Erinnerung geblieben und hat sich seither vielfach bewährt: Die Schüler fragten den Meister: „Wie kann ich Gott erkennen?“ Die Antwort des Meisters: „Blickt euch nicht suchend um nach Gott, schaut einfach, und alles wird sich zeigen." „Wie aber sollen wir schauen?", fragten die Schüler wieder. Darauf der Meister: „Wenn ihr den Mond anschaut, seht nur den Mond." Und die Schüler: „ Was sollten wir denn sonst sehen können?" „Ein Hungriger wird einen Käselaib sehen, und ein Verliebter das Gesicht seiner Geliebten", antwortete ihnen der Meister.

Diese Geschichte macht auf etwas aufmerksam. Durch Bedürfnisse und Wünsche werden Welten geschaffen. Mit dem, was sich zeigen kann, haben sie nichts zu tun. Sie sind das Erzeugnis meines Begehrens. So erzeugen die Fleißigen ihre Welt. Sie erzeugen auch ihren Gott.

Was aber, wenn das Begehren ganz darauf gerichtet ist, das Andere mir gegenüber als dieses Andere zu erkennen? Dann genügt nicht das schnelle Hinschauen. Dann muss ich dem Anderen Zeit und Aufmerksamkeit schenken. Ich muss mich immer wieder vom Anderen „enttäuschen" lassen. Ich muss ihm die Gelegenheit geben, sich zu zeigen. Das gilt für Menschen, für Tiere, für Pflanzen, für Dinge, für die unbelebte Natur. Es fordert von mir Ruhe und Stille. Ich muss mich mit meinen Bedürfnissen zurücknehmen, meine Vorstellungen für mich behalten. Ich muss aufmerksam wahrnehmen lernen.

Die Folge ist eine Endeckung, deren Schönheit und Einfachheit etwas Verblüffendes hat. Ich muss die Welt nicht für mich erschaffen, um ihn ihr beheimatet zu sein. Sie war schon vor mir da. Und als ich noch nichts davon wusste, war diese Welt um mich bemüht. Die Dinge, die Menschen, die Tiere, die Pflanzen, sie alle waren schon vor mir da und schaffen mir einen Lebensraum. In ihnen allen kann ich wunderbares Entgegenkommen erfahren. Sie bestärken mich, sie fordern mich heraus, sie korrigieren mich, sie lassen mich auch meine Beschränktheit erfahren. In all dem kann ich geborgen sein. Ich muss es nur wahrnehmen. Dazu bedarf es der Stille. Ich muss lernen, nichts zu tun und mich beschenken zu lassen. Ich lerne so, mich all dem anzuvertrauen. Und ich ahne dankbar, dass es Gott ist, der sich in allem um mich und die Welt bemüht. Und so kann ich auch Verantwortung für Andere und für die Welt übernehmen, ohne in Gefahr zu geraten, ein Opfer meines eigenen Fleißes zu werden. Es braucht also ein bisschen Mut zur Faulheit.

Für die Hunde

Die Wiener Jesuitenkirche wird auch Universitätskirche genannt. Um sie herum sind die Gebäude der alten Wiener Universität erhalten geblieben, ein Ensemble, das seit 250 Jahren fast unverändert ist. Vor der Kirche ein schöner Platz und neben der Kirche eine schmale Gasse. Diese Gasse heißt Jesuitengasse. Wer hier geht, tut gut daran, auf den Boden zu achten. Nicht bloß wegen des unebenen Pflasters, sondern auch wegen der Hinterlassenschaften zahlreicher Hunde der Umgebung. Seit einiger Zeit werden sie zwar meist von den Hundebesitzern weggeräumt, doch Gelegenheit zum Hineintreten bietet sich immer noch. Hunde hinterlassen auch an den Töpfen der Oleander vor der Kirche ihre Spuren, eine uns Menschen völlig verschlossene Welt von Düften und geheimen Botschaften. Lange genug habe ich mich über diese Mitteilungsbedürftigkeit von Hunden in fester und flüssiger Form geärgert, bin mit Schaufel und Wasser ausgerückt, um dem Raum vor der Kirche ein menschenwürdiges Aussehen zu geben. Selbstverständlich ist es eine Tätigkeit, die mich mit der Wiederkehr des immer Gleichen bekannt macht. Nur nicht aufgeben, sage ich mir. Es sind ja nicht nur die Hunde. Die Raucher sind viel eifriger damit beschäftigt, ihre Spuren vor der Kirche zu hinterlassen.

Mein Reinigungsdrang hat nicht nur Auswirkungen auf das Aussehen des Zugangs zur Kirche. Das erscheint mir manchmal schon wie eine Begleiterscheinung. Er bringt mich vor allem mit vielen Menschen ins Gespräch. Damen und Herren führen ihre Hunde aus. Kinder kommen vorüber. Nach und nach lerne ich Bewohnerinnen und Bewohner der alten Häuser der Nachbarschaft kennen. So ist auch einmal eine etwas ältere Dame mit tief gebeugtem Kopf vorbeigekommen. Ich hatte sie schon öfter gesehen, bin aber nie mit ihr in ein Gespräch gekommen. Ihr Hund zog ständig an der Leine, war nicht zu bändigen vor lauter Lebensfreude. Er setzte der Dame ziemlich zu, wie sie mir sagte. Der kleine drahtige Kerl scheint in seiner Munterkeit öfter etwas anzustellen. Doch die Dame sah ihm alles nach. Und dann sagte sie mir etwas, das mein Verhältnis zu Hunden grundlegend geändert hat: „Wenn ich ihn nicht hätte, ich weiß nicht, ob ich mir nicht schon das Leben genommen hätte." Dieser kleine, muntere, ungezogene Hund – ein Lebensretter.

Wie viele Menschen wird es in Wien geben, die von ihren Hunden am Leben erhalten werden? Wie viele Menschen erfahren das, was ihnen andere Menschen schon lange nicht mehr oder viel zu wenig schenken, von Hunden? Zärtlichkeit, Zuwendung, Treue, Aufmerksamkeit, alles das bringen Hunde in eine verdüsterte und kalte Welt. Und ich stehe mit Wasser und Besen da und will dem Raum vor der Kirche ein menschenwürdiges Aussehen geben. Aber das tun doch die Hunde auch, denke ich mir jetzt. Auch sie geben ihrem Umfeld etwas Menschenwürdiges. Oft sind sie Lebensretter.

In der Bibel haben die Hunde meist keinen guten Ruf. Sie sind bedrohlich, am Rand der menschlichen Gesellschaft. Hunde lecken das Blut, fressen die Leichen derer, die in äußerster Schande geendet haben. Es sind schreckliche Bilder. Doch manchmal leuchtet etwas auf von der Freundlichkeit dieser Wesen. Der junge Tobias wird auf seiner gefahrvollen Reise nicht nur vom Engel Rafael begleitet, dem Vorbild aller Schutzengel, sondern auch von seinem Hund (Tob 5,17). Der Hund bleibt ein treuer Begleiter der beiden (Tob 11, 4). Auf Bildern, die Tobias mit dem von ihm gefangenen Fisch und dem Engel Rafael zeigen, ist in der Regel auch der kleine Hund zu sehen.

Die schönste Hundegeschichte der Bibel ist im Evangelium nach Lukas zu finden, Lk 16,19-31. Bekannt ist sie als die Geschichte vom reichen Prasser und dem armen Lazarus. Der Beginn allein ist schon großartig: „Es war einmal ein reicher Mann, der sich in Purpur und feines Leinen kleidete und Tag für Tag herrlich und in Freuden lebte. Vor der Tür des Reichen aber lag ein armer Mann namens Lazarus, dessen Leib voller Geschwüre war. Er hätte gern seinen Hunger mit dem gestillt, was vom Tisch des Reichen herunterfiel. Statt dessen kamen die Hunde und leckten an seinen Geschwüren."

Die Hunde kamen und leckten an den Geschwüren des Lazarus. Das klingt wie ein Absturz in tiefste Schande und Verachtung. Dem Lazarus bleiben nur die Hunde. Bald werden sie ihn auffressen. Aber ist das alles? Vielleicht lässt sich in dieser Geschichte noch etwas ganz anderes entdecken? Die Hunde werden in der Regel ohnedies übersehen. Alles konzentriert sich auf den Reichen, auf Lazarus und dann im weiteren Verlauf der Erzählung auf Abraham. Denn sowohl der Reiche als auch der Arme sterben. Im Jenseits tauschen sie ihren Platz, der Reiche leidet und Lazarus geht es gut. Es scheint um eine ausgleichende Gerechtigkeit zu gehen. Abraham sagt zu dem Reichen, der ihn flehentlich um Linderung seiner Qual bittet: „Mein Kind, denk daran, dass du schon zu Lebzeiten deinen Anteil am Guten erhalten hast, Lazarus aber nur Schlechtes. Jetzt wird er dafür getröstet, du aber musst leiden." (Lk 16,25) Aber hat Lazarus tatsächlich nur Schlechtes erfahren? Gab es für ihn keinen Trost? Doch, sage ich, die Hunde waren sein Trost, die Hunde haben ihm Gutes getan!

Die Hunde. Wer beachtet die Hunde in dieser Geschichte. Sie tun das, was der Reiche mit Leichtigkeit hätte tun können. Und doch nicht getan hat. Sie gehen hin zu dem Geplagten. Sie wenden sich ihm zu. Sie schenken ihm Aufmerksamkeit und Zärtlichkeit. Sie sind der Einbruch Gottes in das Leben des Lazarus. In ihrem einfachen Tun liegt die Verheißung einer unfaßbaren Fülle. Denn Gott, der Gott des Mose und der Propheten, er ist wie diese Hunde. Er verschließt sich nicht der Not des Elenden. Er schaut auf den Armen und Geplagten. Ihm geht sein Leiden zu Herzen. Er wendet sich ihm zu. Er schenkt ihm Aufmerksamkeit und Zärtlichkeit. Und er befreit ihn.

Lazarus kann mich auf etwas aufmerksam machen, er kann zu meinem Befreier werden. Wenn ich den Lazarus in mir annehme, dann holt er für mich Gott in die Welt. Selbst wenn sich das Entgegenkommen Gottes so bescheiden zeigt wie im Lecken eines Hundes. Je tiefer das Bewußtsein meiner Armut ist, desto feiner wird mein

Gespür für die unscheinbarsten Gesten der Zuwendung werden. In all dem verbirgt sich die Verheißung unfaßbarer Herrlichkeit. Die Hunde lecken an den Wunden des Lazarus. Sie sind für ihn die Nähe Gottes. Denn Gott ist wie die Hunde des Lazarus. Der Gott Jesu Christi ist nicht der Gott einer abgeschlossenen schönen Welt. Er ist ein Gott der Zuwendung und der zärtlichen Nähe zum wunden Fleisch meiner Armut.

Das will ich nicht vergessen. Gerade jetzt nicht, in dieser Zeit der Mauern, der scharf bewachten Grenzen, der raffinierten Sicherheitssysteme und der verherrlichten Sauberkeit einer selbstgenügsamen Welt. Die Hunde des Lazarus können mich daran erinnern. Und nicht nur die Hunde des Lazarus, sondern viele dieser kleinen oder etwas größeren Freunde der Menschen. Viele von ihnen sind Lebensretter. Ich bin ihnen sehr dankbar. Für ihre Treue, ihre Munterkeit, ihre Zärtlichkeit und Aufmerksamkeit. Oft sind sie es, die eine verdüsterte Welt menschenwürdig machen. Ihre Andenken vor der Kirche räume ich gerne weg. Nicht immer – denn schließlich sollen sie die Welt, ihre Welt nicht ganz ohne Botschaften von ihresgleichen vorfinden.

Anhang

Die Zitate stammen aus den folgenden Büchern und Publikationen:

Die Bibel, Altes und Neues Testament, Einheitsübersetzung, Herder, Freiburg Basel Wien 1980

Hans Urs von Balthasar, Glaubhaft ist nur die Liebe, Johannes Verlag, Einsiedeln 1963

Georg Büchner, Sämtliche Werke und Briefe, Insel Verlag, Leipzig 1922

Axel Corti, Der Schalldämpfer, im ORF gesendet am 26. 12. 1993

Meister Eckhart, Predigten und Traktate, Insel Verlag, Leipzig 1938

Marcel Gyr, Die fast vergessene Katastrophe, in: Neue Zürcher Zeitung, 7. April 2011

Bruno Hitz, „Wieder scheitern. Besser scheitern" Zu einem Motiv bei Samuel Beckett, in: Neue Zürcher Zeitung, 13./14. März 1999

Gerard Manley Hopkins, Poems and Prose, Penguin Books, London 1985

Tanikazi Jun'ichiro, Lob der Meisterschaft, Manesse Verlag, Zürich 2010

Franz Kretschmer, Heimatbuch Adnet 1. Band, Marmor aus Adnet, Gemeindeamt Adnet 1986

Ignatius von Loyola, Geistliche Übungen, übersetzt und erläutert von Peter Knauer, Verlag Styria, Graz Wien Köln 1978

Blaise Pascal, Über die Religion und über einige andere Gegenstände (Pensées), Verlag Lambert Schneider, Heidelberg 1972 (7. Auflage)

Hugo Rokyta, Die böhmischen Länder, Verlag St. Peter, Salzburg 1970

Willibald Sandler, Wozu ist Jesus gestorben? Versuch einer vernünftigen, bibelgemäßen und eingängigen Antwort aus der Perspektive der dramatischen Theologie, in: Zeitschrift für Katholische Theologie 132 (2010)

Reinhold Schneider, Winter in Wien, Verlag Herder Wien, Freiburg im Breisgau 1958

Iwan Sokolowsky, Kultur der Dankbarkeit, informedia, 1995

Andrej Tarkovskij, Opfer, Schirmer/Mosel, München 1987

Hans Weder, Die Entdeckung des Glaubens im Neuen Testament, in: Neue Zürcher Zeitung, 12. Mai 1989

Die Abbildungen dieses Buches geben einen kleinen Einblick in das graphische Werk von Giovanni Poggeschi. Als dieser Künstler mit 31 Jahren 1936 in die Gesellschaft Jesu (Jesuiten) eintrat, hatte er in seinen Gemälden und Zeichnung bereits zu einer eigenen Sprache gefunden. Nach einer längeren Unterbrechung hat Poggeschi im Orden seine künstlerische Tätigkeit wieder aufgenommen. Von besonderer Qualität sind seine Darstellungen unscheinbarer Dinge, Tiere und Personen. Es gelingt ihm, das scheinbar Belanglose so zu gestalten, dass in ihm der Zauber einer stillen Poesie wahrnehmbar wird. Die abgebildeten Radierungen und Lithographien sind in den letzten fünfzehn Lebensjahren entstanden. 1972 ist Giovanni Poggeschi gestorben.

Fotos: Archiv des Autors

ISBN 978-3-222-13338-1

styria BOOKS

Lektorat: Reinhard Deutsch
Umschlaggestaltung: Bruno Wegscheider
Produktion und Gestaltung: Alfred Hoffmann
Druck und Bindung:
Druckerei Theiss GmbH, St. Stefan im Lavanttal